O PODER DA
FELICIDADE

A ORTOGRAFIA DESTE LIVRO FOI ATUALIZADA SEGUNDO O ACORDO ORTOGRÁFICO DA LÍNGUA PORTUGUESA DE 1990, QUE PASSOU A VIGORAR EM 2009.

Coleção
O PODER DO PODER

O PODER DA
FELICIDADE

"Felicidade é um estado de espírito em que nossos pensamentos são agradáveis uma boa parte do tempo"

35

VOCÊ TEM O PODER DE MUDAR A SUA VIDA

LIVRO MARTIN CLARET CLIPPING

Créditos

© *Copyright* desta edição: Editora Martin Claret Ltda., 2005

IDEALIZAÇÃO E COORDENAÇÃO
Martin Claret

PESQUISA E ORGANIZAÇÃO
Manville Avalon

CAPA
Ilustração
Marcellin Talbot

MIOLO
Revisão
Márcia Abreu

Projeto Gráfico
José Duarte T. de Castro

Direção de Arte
José Duarte T. de Castro

Digitação
Graziella Gatti Leonardo

Editoração Eletrônica
Editora Martin Claret

Fotolitos da Capa
OESP

Papel
Off-Set, $70g/m^2$

Impressão e Acabamento
PSI7

Editora Martin Claret Ltda. – Rua Alegrete, 62 – Bairro Sumaré
CEP 01254-010 – São Paulo — SP
Tel.: (11) 3672-8144 – Fax: (11) 3673-7146

www.martinclaret.com.br / editorial@martinclaret.com.br

Impresso em 2010.

Agradecimentos do editor

O usadamente, acredito que a coleção O Poder do Poder *é um momento novo na indústria do livro. Um novo conceito de construir e escrever livros está nascendo — o livro-clipping.*

Esse sonho empresarial foi e é um desafio no jogo da vida. Aliás, esse jogo — descobri — não é um jogo ganha-perde ou perde-ganha, é um jogo ganha-ganha. Todos ganham, culturalmente. Do autor ao leitor.

Quando começo a pensar nos difíceis estágios por que passou este projeto, não posso deixar de lembrar a importante colaboração que recebi de várias pessoas, sem as quais não seria possível a sua realização material.

Com orgulho literário, agradeço a todas essas pessoas, físicas e jurídicas — pesquisadores, programadores, jornalistas, escritores, advogados, empresários, diretores de editoras, de gráficos, de jornais e TVs —, o apoio direto ou indireto que ofereceram à realização deste trabalho. Sem a solidariedade, profissional e humana, desses amáveis colegas de trabalho, este projeto editorial jamais teria sido possível.

A todos, minha infinita gratidão.

O livro vivo

MARTIN CLARET

O poder da informação

O homem é um animal neurolinguístico. Ele cria sua realidade a partir do pensamento e da palavra. Sua potencialidade é quase infinita. O conhecimento de si mesmo é a sua meta suprema.

Essa escalada do homem é uma imensa epopeia cósmica, e nesse contexto cada criatura é um herói. Mas o início dessa escalada cultural foi terrivelmente difícil.

Vivemos, hoje, na "idade da informática" e da tecnologia da informação. Não mais fazemos parte de uma cultura coletora, agrícola ou industrial, mas de uma cultura da informação. Vivemos numa época de profundas mudanças. Novas ideias e novos movimentos mudam o mundo quase que diariamente. Essas mudanças vêm a nós por meio de livros, jornais, cinema, teatro, filmes, internet, *chips* de computador, etc. Nesta nova sociedade, quem tiver mais informações, tem maior poder. John Galbraith, o iluminado autor de *A Era da Incerteza*, proclamou: "Dinheiro é o combustível da sociedade industrial. Mas na sociedade da informática o combustível, o poder, é o conhecimento. Vê-se agora a estrutura de uma nova classe dividida entre aqueles que têm informação e os que devem atuar na ignorância. Essa nova classe não tem poder no dinheiro, ou na terra, mas no conhecimento".

Hoje, essa chave do poder do conhecimento é acessível à maioria dos seres humanos.

Definição de poder

Poder.
Nada exerce mais atração sobre os seres humanos do que essa palavra mágica. Nenhuma paixão é mais duradoura, nenhuma companhia mais constante. O poder é uma das mais legítimas emoções humanas. Sua motivação são os resultados. Agir para ser mais.

Poder é uma palavra incrivelmente emocional. Diante dela são infinitas nossas reações. Cada um tem um conceito pessoal da palavra poder. Para muitas pessoas ela tem uma conotação negativa. Outras, explícita ou secretamente, cobiçam o poder. Os mais ortodoxos suspeitam do poder. Cada um tem uma definição própria para o vocábulo poder.

Como uma cultura, nós temos sido ambivalentes a respeito do poder. Não obstante, poder — que deriva do latim *potere*, "ser capaz" — é energia. Sem poder não há ação ou movimento. Poder é um assunto central da transformação do ser humano.

Eu proclamo o Poder Correto — o poder usado não como instrumento negativo ou para glorificar o ego, mas a serviço da Vida. O poder como um ato de sabedoria e não como um instrumento para manipular pessoas. Poder compartilhado, e não o poder imposto.

Poder é a capacidade e habilidade de mudar nossa vida. É a habilidade de definir as necessidades humanas e resolvê-las. Poder é energia.

O amor ao poder

Michael Korda, o editor-chefe da poderosa editora Simon & Suster — ele mesmo participante do fascinante jogo do poder —, no seu *best-seller Poder, Como Conquistá-lo, Como Utilizá-lo*, nos dá didaticamente as principais normas para criar poder.

Para completa informação de meus leitores, passo a transcrevê-las.

Primeira: "Pratique cada ação como se fosse a única coisa que realmente importa no mundo". Segunda: "Nunca revele aos outros tudo a teu respeito; guarde alguma coisa de reserva, para que eles nunca tenham certeza de que realmente te conhecem". Terceira: "Aprenda a usar o tempo e pense nele como um amigo, não como um inimigo. Não o desperdices indo em busca de coisas que não desejas". Quarta: "Aprenda a aceitar os teus erros. Não sejas perfeccionista a respeito de tudo". Quinta e última norma: "Não crie ondas; mova-se suavemente, sem complicar as coisas".

Como homem, para quem o único limite do poder é o limite de acreditar, Michael Korda nos dá, ainda, este ensinamento essencial: "Quanto mais mecânico e complicado for o nosso mundo, mais precisamos da simplicidade do poder para nos guiar e proteger. É o único dom que nos permite continuar sendo humanos num mundo desumano — porque o amor ao poder é o amor por nós mesmos".

A gênese da coleção *O Poder do Poder*

Sou editor de livros. O universo da minha vida sempre gravitou em torno de ler livros e "fazer livros". Sempre amei o livro em todas as suas formas e sempre acreditei na função do livro. Para mim, o livro tem o poder de mudar as pessoas e de mudar o mundo. Há 20 anos proclamo o princípio cultural de "Ler mais para ser mais".

Na juventude e mesmo como adulto sempre copiei, recortei ou xeroquei textos de "especial importância" para o desenvolvimento do potencial humano. Formei pastas e pastas desse material informativo — para meu uso e eventualmente para o uso dos amigos. Essa ideia foi inspirada no genial DeWitt Wallace, o fundador da *Reader's Digest* (a nossa *Seleções*) — o projeto editorial de maior sucesso em todo o mundo. DeWitt também, antes de fundar sua revista, "praticava" esse singular *hobby* de colecionar recortes de artigos de interesse permanente — aliás, essa foi a ideia que deu origem à sua famosa revista multinacional. Mais tarde, usei parte desse meu material e o *know-how* adquirido em minha atividade profissional. Esta é a gênese da coleção *O Poder do Poder* e de outros trabalhos editoriais realizados por mim.

O Livro-*clipping*

O útil *Dicionário de Comunicação*, de Carlos Alberto Rabaça/ Gustavo Barbosa, publicado pela Editora Codecri, define a palavra inglesa *clipping* assim: "1. Serviço de apuração, coleção e fornecimento de recortes de jornais e revistas sobre um determinado assunto, sobre as atividades de uma empresa ou instituição, sobre determinada pessoa, etc. É realização geralmente da organização, pela agência de RP ou de Publicidade que atende à empresa, ou por uma agência especializada neste tipo de serviço (conhecida como agência *clipper*). 2. Recorte de jornal. 3. O conjunto de recortes, recebido pelo interessado".

Sem o saber, inconscientemente, ao colecionar e "organizar" os meus recortes, sempre vinha exercendo o ofício de organizar *clipping*, embora fosse para uma só pessoa — para mim mesmo.

Impulsionado por várias circunstâncias, depois de alguns anos, já como editor, resolvi usar os meus conhecimentos para elaborar esta coleção, usando o mesmo princípio do *clipping*. Dei uma estrutura mais refinada ao material de texto, organizei os assuntos, criei uma capa — e eis o livro-*clipping*. O grande e principal objetivo é difundir conhecimentos especializados e transformar as pessoas. Sempre fui centrado nessa magnífica obsessão.

Estrutura textual da coleção

Estatísticas nos Estados Unidos revelam a incrível constatação: quase 50% das pessoas que compram livros não os leem até o final. No Brasil não é diferente. Motivos: além de hábitos culturais improdutivos, descuidos de editoração contribuem para essa lamentável situação.

A coleção *O Poder do Poder* é um esforço para corrigir, qualitativamente, algumas dessas falhas. Minha meta principal é apresentar um novo conceito de fazer livros — o livro-*clipping*. O livro essencializado, de interesse permanente, com texto na medida certa e de agradável diagrama. Livro de fácil leitura.

A coleção é aberta — são aceitas sugestões de títulos e de assuntos. O próprio leitor torna-se um colaborador.

Embora esta coleção tenha estrutura de continuidade, cada livro possui sua autonomia própria. É um livro com começo, meio e fim. Os textos são capítulos essenciais extraídos de publicações nacionais e estrangeiras com afinidade de assunto, formando sinergeticamente um material redacional de grande coerência. A integridade do texto original é totalmente conservada.

Aos leitores que tenham interesse em aprofundar o assunto tratado em cada capítulo, recomendamos a leitura do livro original. Desejamos, mesmo, que os textos de cada capítulo motivem o leitor a uma consulta mais extensa ao livro-matriz. Aliás, esta é a essência do livro-*clipping*: provocar interesse e informar.

Mensagem cultural

A Galáxia de Johann Gutenberg (1400-1468) continua em expansão. A "idade da informática" ilumina mentes e corações. O homem continua sua fantástica escalada cultural. Nesse imenso universo vivo, o livro é a maior fonte de conhecimento e *poder*.

Livro muda as pessoas.

Livro muda o mundo.

"Ler mais para ser mais."

O CAMINHO DA FELICIDADE
Autor: Huberto Rohden
Formato: 14 x 21cm
168 páginas
Editora Martin Claret
São Paulo
1990
(Ver p. 128)

O caminho da felicidade

HUBERTO ROHDEN

Que é ser feliz?

F elicidade — é esse o clamor de toda a criatura.

Todo o resto é meio — somente a felicidade é um fim.

Ninguém deseja ser feliz para algo — quer ser feliz para ser feliz.

A felicidade é a suprema autorrealização do ser.

Que é ser feliz?

Ser feliz é estar em perfeita harmonia com a constituição do Universo, seja consciente, seja inconscientemente.

A natureza extra-hominal é inconscientemente feliz, porque está sempre, automaticamente, em harmonia com o Universo.

Aqui na terra, somente o homem pode ser conscientemente feliz — e também conscientemente infeliz.

A natureza possui, por assim dizer, uma felicidade *neutra*, ou inconsciente — o homem pode possuir uma felicidade *positiva* ou uma infelicidade *negativa*. Com o homem começa a bifurcação da linha única da natureza; começa o estranho fenômeno da *liberdade* no meio da universal *necessidade*.

A natureza só conhece um *dever compulsório*.

O homem conhece um *querer espontâneo*, seja rumo ao positivo, seja rumo ao negativo.

O desejo universal é a felicidade — e, no entanto, poucos homens têm a *potencialidade* ou a possibilidade de ser feliz — poucos têm a felicidade atualizada ou realizada. Poder-ser-feliz é uma felicidade incubada, porém não nascida — ser-feliz é uma felicidade eclodida.

Qual a razão última por que muitos homens não são felizes, quando o poderiam ser?

Passam a vida inteira, 20, 50, 80 anos marcando passo no plano horizontal do seu *ego externo* e ilusório — nunca mergulharam nas profundezas verticais do seu *Eu interno* e verdadeiro. E, quando a sua infelicidade se torna insuportável, procuram atordoar, esquecer, narcotizar temporariamente esse senso e infelicidade, por meio de diversos expedientes da própria linha horizontal, onde a infelicidade nasceu. Não compreendeu o seu erro de lógica e matemática: que horizontal não cura horizontal — assim como as águas dum lago não movem uma turbina colocada ao mesmo nível. Somente o vertical pode mover o horizontal — assim como somente as águas duma cachoeira podem mover uma turbina.

Quem procura curar os males do ego pelo próprio ego, comete um erro fatal de lógica ou de matemática. Não há cura de igual a igual — mas tão somente de superior para inferior, de vertical para horizontal.

Camuflar com derivativos e escapismos a infelicidade não é solucionar o problema; é apenas mascará-lo e transferir a infelicidade para outro tempo — quando a infelicidade torna a se manifestar com dobrada violência.

Remediar é remendar — não é curar, erradicar o mal.

A cura e erradicação consiste unicamente na entrada numa nova dimensão de consciência e experiência. Não consiste numa espécie de continuísmo — mas sim num novo início, numa iniciativa inédita, numa verdadeira iniciação.

Não se trata de "pôr remendo novo em roupa velha", na linguagem do Nazareno; trata-se de realizar a "nova criatura em

Cristo", que é a transição da consciência do *ego* horizontal e ilusório para a consciência do Eu vertical e verdadeiro.

Todos os mestres da humanidade afirmam que a verdadeira felicidade do homem, aqui na Terra, consiste em "amar o próximo como a si mesmo". Ou então em "fazer aos outros o que queremos que os outros nos façam".

Existe essa possibilidade de eu amar meu semelhante assim como me amo a mim mesmo?

Em teoria, muitos o afirmam — na prática poucos o fazem.

Donde vem essa dificuldade?

Da falta de verdadeiro *autoconhecimento*. Pouquíssimos homens têm uma visão nítida da sua genuína realidade interna; quase todos se identificam com alguma facticidade externa, com o seu ego físico, seu ego mental ou seu ego emocional. E por essa razão não conseguem realizar o *amor-alheio* igual ao *amor-próprio*, não conseguem amar o seu próximo como se amam a si mesmos. Alguns, num acesso de heroica estupidez, tentam amar o próximo *em vez de* si mesmos, o que é flagrantemente antinatural, como também contrário a todos os mandamentos dos mestres da humanidade. Todos sabem que o amor-próprio de todo o ser vivo é a quintessência do seu ser; nenhum ser vivo pode existir por um só momento sem se amar a si mesmo; esse amor-próprio é idêntico à sua própria existência.

Amor-próprio não é necessariamente egoísmo. Egoísmo é um amor-próprio *exclusivista*, ao passo que o verdadeiro amor-próprio é *inclusivista*, inclui todos os amores-alheios no seu amor-próprio, obedecendo assim ao imperativo da natureza e à voz de todos os mestres espirituais da humanidade.

Enquanto o homem marca passo no plano horizontal do seu e haverá *paz*. Armistício é uma trégua entre duas guerras; é uma guerra fria do ego, que amanhã pode explodir em guerra quente. O ego ignora totalmente o que seja paz. O ego de boa vontade assina armistícios temporários, o ego de má vontade declara guerra de maior ou menor duração — mas nem este nem aquele sabe o que seja paz.

Em vésperas da sua morte, disse o Nazareno a seus discípulos: "Eu vos dou a paz, eu vos deixo a minha paz". E, para evitar qualquer confusão entre paz e armistício, logo acrescentou: "Não dou a paz assim como o mundo a dá. Eu vos dou a paz para que minha alegria esteja em vós, seja perfeita a vossa alegria, e nunca ninguém tire de vós a vossa alegria".

Paz e alegria duradouras nada têm que ver com guerra e armistício, que são do ego, de boa ou má vontade; a paz e a alegria permanentes são unicamente do Eu divino no homem.

E onde não houver paz e alegria permanentes não há felicidade. Onde não há autoconhecimento, experiência da realidade divina do Eu espiritual, não há felicidade, paz, alegria. Enquanto o homem conhece apenas o seu ego físico-mental-emocional, vive ele no plano da guerra e do armistício; quando descobre o seu Eu espiritual, faz o grande tratado de paz e de alegria no templo da Verdade Libertadora.

Armistício, certamente, é melhor que guerra — mas não é paz, e por isso não garante felicidade duradoura ao homem.

Por isso, o homem, no plano da guerra e do armistício infelizes, procura por todos os modos esquecer-se por umas horas, por uns dias, por umas noites da sua falta de felicidade, dando caça desenfreada a todas as diversões; uns se narcotizam com dinheiro, negócios, comércio, indústria; com ciências e artes; outros ainda se embriagam com luxúria sexual, com álcool e outros entorpecentes; outros, os mais ricos, viajam de país em país, de mar em mar, e, enquanto assim se esquecem da sua infelicidade, julgam ser felizes.

Praticam, no mundo espiritual, o mesmo charlatanismo que praticam no mundo material: reprimem os sintomas do mal, por meio de anestésicos e analgésicos e nunca chegam a erradicar a raiz do mal, que seria o autoconhecimento, e a subsequente autorrealização, que lhes dariam saúde e paz definitivas.

* * *

Os mestres também deixaram perfeitamente claro que esta paz durável, sólida, dentro do homem e entre os homens, não é possível no plano meramente horizontal do ego para ego, mas exige imperiosamente a superação desse plano, o ingresso na ignota zona da verticalidade do Eu. Os grandes mestres, sobretudo o Cristo, não convidaram os seus discípulos apenas para passarem de um ego de má vontade (vicioso) para um ego de boa vontade (virtuoso) — a mensagem central de todos os mestres tem caráter metafísico, ontológico, cósmico; é a transição de todos e quaisquer planos horizontais-ego para a grande vertical do Eu da sabedoria, do "conhecimento da Verdade Libertadora". Quase todas as nossas teologias fazem crer que os mestres, e sobretudo o divino Mestre, tenha convidado os homens apenas para passarem da viciosidade para a virtuosidade — quando eles os convidaram para uma zona infinitamente além do vicioso e virtuoso — para a região suprema da sabedoria, da compreensão do seu Eu divino, que eles chamam Pai, Luz, Reino, Tesouro, Pérola preciosa...

O ego de boa vontade é, certamente, melhor que o ego de má vontade — mas somente o Eu sapiente é que está definitivamente remido de todas as suas irredenções e escravidões. Somente a Verdade, intuída e vivida, é que dá libertação real e definitiva.

A felicidade, a alegria, a paz — são os frutos da Verdade Libertadora.

Homem, conhece-te a ti mesmo!

Quando o homem comum diz "eu sou feliz", ou "eu sou infeliz" — que é que ele entende com essa palavrinha "eu"?

A imensa maioria dos homens entende com esse "eu" a sua personalidade física, material, isto é, o corpo, ou alguma parte do corpo. "Eu estou com dor de cabeça." "Ele morreu." Um determinado sentimento de bem-estar do corpo é, por eles, chamado "felicidade", como um certo mal-estar físico é apelidado de "infelicidade". Ora, esse sentir físico está, de preferência, nos nervos, que são os receptores e veículos das nossas sensações físicas. Quer dizer que o homem comum, quando fala de felicidade ou infelicidade, se refere a um determinado estado vibratório dos seus nervos. Se esse estado vibratório dos nervos lhe dá uma sensação agradável, ele se julga feliz: do contrário, se tem por infeliz.

Ora, esse estado vibratório dos nervos nem sempre depende da vontade do homem; depende, geralmente, de fatores meramente externos, acidentais, alheios ao seu querer ou não querer, como sejam, a temperatura, o clima, a alimentação, acidentes fortuitos, eventos imprevistos, a sorte grande, morte na família, etc. Todo homem que, por exemplo, diz "eu estou doente" identifica o seu "eu" com o seu corpo, e sobre erro fundamental procura erguer o edifício da sua felicidade. É o que, no Evangelho, se chama "edificar sobre areia". Mas um edifício construído sobre areia vã não resistirá ao embate de enchentes e vendavais.

Também a humanidade nos pode fazer sofrer ou gozar. Mas nem as circunstâncias da natureza nem da humanidade nos podem tornar felizes nem infelizes. Felicidade ou infelicidade vêm da nossa substância própria, e não de circunstâncias alheias. "Eu sou o senhor do meu destino — eu sou o comandante da minha vida."

Dentro desse critério inadequado, é claro, a felicidade ou infelicidade é algo que não depende do homem. Neste caso, o homem não é "sujeito", autor, da sua felicidade ou do contrário, mas tão somente "objeto" ou vítima. Circunstâncias externas, fortuitas, incontroláveis, tornariam-no feliz ou infeliz. Quer dizer que esse homem seria um simples joguete passivo dos caprichos do ambiente. Não poderia afirmar: *I am the captain of my soul* (eu sou o comandante de minha alma); uma vez que não seria ele que marca o roteiro da barquinha de sua vida, que estaria inteiramente à mercê dos ventos e das correntes alheias ao seu querer ou não querer. Como poderia ser solidamente feliz o homem que faz depender a sua felicidade de algo que não depende dele?

* * *

Outras pessoas há que identificam o seu "eu" com a sua parte mental ou emocional. Dizem, por exemplo: "eu estou triste", "eu estou alegre", "eu sou inteligente". Quer dizer que confundem o seu verdadeiro "Eu" com a sua personalidade mental-emocional. Ora, como essa zona está sem cessar à mercê das influências da sociedade humana que nos cerca, segue-se que a felicidade ou infelicidade baseadas nesse alicerce problemático dependem do ambiente social, isto é, da boa ou má opinião que outros homens têm de nós; nós nos enxergamos tão somente no reflexo da opinião pública. Se outros dizem que somos inteligentes, bons, belos, simpáticos, sentimo-nos felizes — mas, se disserem o contrário, sentimo-nos infelizes. Quer dizer que, neste caso, somos uma espécie de fantoches ou bonecos de engonço que reagem automaticamente ao impulso recebido pelos cordéis invisíveis, manipulados por algum terceiro, oculto por detrás do cenário da nossa vida. Esses fantoches humanos vibram com intensa felicidade quando, por exemplo, um jornal os cumula de louvores e apoteoses, embora totalmente gratuitos e quiçá mentirosos — mas sentem-se profundamente infelizes, talvez desesperados, quando alguém diz o contrário.

São escravos de fatores alheios à sua vontade — escravos que ignoram a sua própria escravidão! E como poderia um escravo ser feliz?

Em resumo: tanto os da primeira classe — os escravos do *ambiente físico* — como os da segunda classe — os escravos do *ambiente social* — fazem depender a sua felicidade de algo que não depende deles. É, pois, evidente que não podem ser realmente felizes, uma vez que a verdadeira felicidade não é alguma "quantidade externa", algum objeto, que o homem receba, mas é uma "qualidade interna", um estado do sujeito, que o homem cria dentro de si. A felicidade só pode consistir em algo que dependa de mim, algo que eu possa criar, independentemente de circunstâncias externas, físicas ou sociais. "O que vem de fora não torna o homem puro nem impuro — só o que vem de dentro do homem é que o torna puro ou impuro." (Jesus.)

* * *

Alguns séculos antes de Cristo, vivia em Atenas o grande filósofo Sócrates. A sua filosofia não era alguma teoria especulativa, mas a própria vida que ele vivia. Aos setenta e tantos anos foi Sócrates condenado à morte, embora inocente. Enquanto, no cárcere, aguardava o dia da execução, os seus amigos e discípulos moviam céus e terra para o preservar da morte. O filósofo, porém, não moveu um dedo para esse fim; com perfeita tranquilidade e paz de espírito aguardou o dia em que ia beber o veneno mortífero. Na véspera da execução conseguiram seus amigos subornar o carcereiro, que abriu a porta da prisão. Críton, o mais ardente dos discípulos de Sócrates, entrou na cadeia e disse ao mestre:

— Foge depressa, Sócrates!
— Fugir, por quê? — perguntou o preso.
— Ora, não sabes que amanhã te vão matar?
— Matar-me? a mim? ninguém me pode matar!
— Sim, amanhã terás de beber a taça de cicuta mortal — insistiu Críton. — Vamos, mestre, foge depressa para escapares à morte!
— Meu caro amigo Críton — respondeu o condenado — que mau filósofo és tu! pensar que um pouco de veneno possa dar cabo de mim...

Depois, puxando com os dedos a pele da mão, Sócrates perguntou:

— Críton, achas que isto aqui é Sócrates? — E, batendo com o punho no osso do crânio, acrescentou — Achas que isto aqui é Sócrates?... Pois é isto que eles vão matar, este invólucro material; mas não a mim. Eu sou a minha alma. Ninguém pode matar Sócrates!...

E ficou sentado na cadeia aberta, enquanto Críton se retirava, chorando, sem compreender o que ele considerava teimosia ou estranho idealismo do mestre. No dia seguinte, quando o sentenciado já bebera o veneno mortal e seu corpo ia perdendo aos poucos a sensibilidade, Críton perguntou-lhe, entre soluços:

— Sócrates, onde queres que te enterremos?

Ao que o filósofo, semiconsciente, murmurou:

— Já te disse, amigo, ninguém pode enterrar Sócrates... Quanto a esse meu invólucro, enterrai-o onde quiserdes. Não sou eu... Eu sou a minha alma...

E assim expirou esse homem, que tinha descoberto o segredo da felicidade, que nem a morte lhe pôde roubar. Conhecia-se a si mesmo, o seu verdadeiro Eu divino, eterno, imortal.

Foge da tua "felicidade" — e serás feliz!

Com este capítulo atingimos um dos segredos centrais da verdadeira felicidade, por mais paradoxal que pareça o título acima. Ninguém pode ser íntima e solidamente feliz se não sacrificar a sua "felicidade" pela felicidade dos outros. Ninguém pode ser realmente feliz enquanto não se perder em algo maior do que ele mesmo.

Quem gira 24 horas por dia, 365 dias por ano, ao redor de si mesmo, do seu pequenino ego humano, dos seus pequenos prazeres e das suas mágoas pessoais, será necessariamente infeliz. Para ser profundamente feliz é indispensável abandonar de vez a trajetória do seu ego e lançar-se à vastidão do Infinito, permitindo ser invadido por Deus. E, como passo preliminar para essa mística divina, entusiasmar-se por alguma obra de ética humana, trocar o seu pequeno eu pessoal pelo grande *nós* universal.

Existe uma lei eterna que proíbe o homem de girar ao redor de si mesmo, sob pena de atrofia psíquica e espiritual, sob pena de ficar internamente doente e infeliz. A Constituição Cósmica exige que todo homem, para ser feliz, gire em torno da felicidade dos outros, ou, na frase lapidar do mais feliz dos homens que a história conhece, que "ame a Deus sobre todas as coisas e ao próximo como a si mesmo", que "perca a sua vida — para ganhá-la".

Julgam os ignorantes e inexperientes que esse preceito evangélico, reflexo da sabedoria dos séculos, represente algum idealismo aéreo e impraticável; mas os experientes sabem que ele é sumamente realista, porque encerra o elixir da verdadeira felicidade. Quem nunca aplicou essa receita não sabe da sua eficiência; mas todos os que a aplicaram sabem que ela é 100% eficiente. Nunca ninguém se arrependeu de ter sido altruísta, porém milhares e milhões se têm arrependido de terem sido egoístas. Se um egoísta pudesse ser realmente feliz, estaria ab-rogada a Constituição do Universo, teria o caos suplantado o cosmo. Ninguém pode ser feliz *contra* o Universo, mas tão somente *com* o Universo — a lei básica do Universo, porém, é amor.

"Quem quiser ganhar a sua vida, perdê-la-á; mas quem perder a sua vida por minha causa (do Cristo, que é o amor), ganhá-la-á."

Milhares de pessoas só encontraram a sua felicidade no dia em que, esquecidas das suas próprias misérias, se condoeram das misérias alheias.

Legiões de infelizes descobriram a felicidade no momento em que, deixando de gravitar em torno do seu pequeno ego, foram levar a algum doente uma palavra de consolo, um auxílio material, um *bouquet*, para lhe amenizar a solidão e monotonia.

O ignorante procura a felicidade em querer receber — e não a encontra, porque isso é egoísmo; o sapiente, porém, encontra no dar a felicidade que não buscava; uma vez que "há mais felicidade em dar do que em receber".

Quem só quer receber confessa que é pobre, indigente, miserável — mas quem quer dar, sempre dar, dar o que tem e dar o que é — esse prova que é rico, fonte de inesgotável riqueza.

No plano das quantidades, é verdade, quem dá empobrece, e quem recebe enriquece; mas, no plano da qualidade, quem quer receber empobrece, e quem dá enriquece.

O mestre que dá as suas ideias a seus discípulos não perde essas ideias; pelo contrário, quanto mais as dá mais firmemente as possui e mais aumenta o seu cabedal de ideias, dando-as aos outros.

O homem que dá o seu amor a seus semelhantes não perde esse amor, mas tanto mais firmemente o possui quanto mais profusamente o distribui a seus semelhantes. Quem se recusa a dar seu amor aos outros perde-o — se é que o possuía! — porque, nesse mundo superior, *dar* é possuir tanto mais quanto mais se dá, ao passo que *não querer dar* é perder aquilo que se possui, ou julgava possuir.

* * *

Objetará alguém que também isto é egoísmo: querer enriquecer a alma pelo fato de dar aos outros.

Não é exato. Não é egoísmo. O verdadeiro altruísta não dá para receber algo em troca, da parte de seus semelhantes; se esperasse retribuição, mesmo que fosse em forma de gratidão e reconhecimento, seria egoísta. Que é que acontece? O altruísta não espera nada por seus benefícios, nem mesmo gratidão (embora o beneficiado tenha a obrigação moral de ser grato!).

Entretanto, segundo os imutáveis dispositivos da Constituição Cósmica, ou Providência de Deus, é inevitável que o homem desinteressadamente bom seja enriquecido por Deus — por Deus, e não pelos homens! A distribuição dos benefícios que o altruísta faz é, por assim dizer, realizada na *horizontal*.

Mas o enriquecimento lhe vem na *vertical*. Distribui ao redor de si, a seus irmãos, mas recebe das alturas, de Deus — nem pode evitar esse enriquecimento de cima, uma vez que ninguém pode modificar, mesmo que quisesse, a eterna lei cósmica, que enriquece infalivelmente a todo homem desinteressadamente bom.

Esse enriquecimento, não há dúvida, é, em primeiro lugar, interno. Acontece, porém, que, não raro, esse enriquecimento interno transborde também em prosperidade externa, em virtude da íntima relação entre alma e corpo. "Procurai primeiro o reino de Deus e sua justiça" — disse o Mestre — "e todas as outras coisas vos serão dadas de acréscimo". Ser espiritualmente bom a fim de ser materialmente próspero seria erro funesto. Em caso algum pode o espiritual servir de meio para todo o material. O homem realmente espiritual é *incondicionalmente bom*, pratica o bem única e exclusivamente por causa do bem, sejam quais forem as consequências externas dessa sua invariável atitude interna. "O reino de Deus e sua justiça" é a única coisa que o homem deve buscar diretamente, ao passo que "as outras coisas lhe serão dadas de acréscimo" lhe advirão espontaneamente, sem que o homem as procure.

Desde que o homem especule mercenariamente para receber qualquer benefício externo pelo fato de ser bom, já está num trilho falso, porque degrada as coisas espirituais e se torna escravo das coisas materiais — e não pode ser feliz. O espiritual deve ser buscado incondicionalmente, sem segundas intenções — e Deus se encarregará do resto.

A felicidade pessoal não é, pois, algo que o homem deva buscar como prêmio da sua espiritualidade, nem mesmo como uma espécie de "céu" fora dele — essa felicidade lhe será dada como um presente inevitável, como uma graça, como um dom divino — suposto que ele seja incondicionalmente bom.

Essa atitude interna de completo desinteresse, é claro, exige grande pureza de coração, e é por isso mesmo que o Nazareno proclama "bem-aventurados os puros de coração, porque eles verão a Deus".

"Pureza de coração" é isenção de egoísmo.

É imensamente difícil, para o homem profano, ser integralmente honesto consigo mesmo, não camuflar intenções, não criar cortinas de fumaça para se iludir egoisticamente sobre os verdadeiros motivos dos seus atos. Um homem que, digamos, durante dez ou vinte anos, praticou vida espiritual, mas não conseguiu prosperidade material, e se queixa desse "fracasso" descrendo da justiça das leis eternas que regem o universo e a vida humana, esse homem não é realmente espiritual, nutre um secreto espírito mercenário, esperando receber algo material por sua espiritualidade; não busca sinceramente o reino de Deus e sua justiça, e, por isso mesmo, não lhe são dadas de acréscimo as outras coisas.

Só um homem que possa dizer com Job, depois de perder tudo: "O Senhor o deu, o Senhor o tirou — seja bendito o nome do Senhor!" ou que compreenda praticamente as palavras de Jesus: "Quando tiverdes feito tudo que devíeis fazer, direi: Somos servos inúteis; cumprimos apenas a nossa obrigação, nenhuma recompensa merecemos por isso" — só esse homem é realmente espiritual e descobrirá o segredo da verdadeira felicidade.

A felicidade, como se vê, tem de ser conquistada a preço da mais absoluta pureza de coração — e porque tão poucos são os que conseguem essa pureza sem jaça, por isso são tão poucos os homens realmente felizes.

"Estreito é o caminho e apertada é a porta que conduzem ao reino dos céus!"...

O altruísmo de que falamos é um meio para o homem fechar as portas ao seu egoísmo pessoal e abrir a porta à invasão do seu grande Eu espiritual. Quem quer se autorrealizar em sua alma deve substituir o seu egoísmo pelo altruísmo. O ego só se encontra com Deus *via* tu.

Conhece os milionários da felicidade!

No meio das trevas da infelicidade aguda e das penumbras do descontentamento crônico, convém que o homem levante os olhos para as luminosas alturas de algum dos grandes milionários da felicidade.

Tem havido, e há, na história da humanidade, muitos homens felizes, homens que tiveram o bom senso de construir a sua felicidade de dentro, e não a esperavam de fora, das circunstâncias fortuitas do ambiente. De fato a felicidade é silenciosa como a luz, ao passo que a infelicidade costuma ser barulhenta; e por isso sabemos de tantos infelizes e tão pouco de homens felizes. De vez em quando, porém, a silenciosa felicidade dos felizes se irradia pelo ambiente de tal modo que até os infelizes percebem algo dessa luminosidade. E, por via de regra, os homens felizes são encontrados lá onde os profanos não os esperavam encontrar — no meio dos sofrimentos...

Job, Moisés, Buda, Francisco de Assis, Jesus, Paulo de Tarso e tantos outros encheram séculos e milênios com a exuberância da sua felicidade — sua felicidade sofrida.

Em nossos dias, houve dois homens eminentemente felizes: Mahatma Gandhi e Albert Schweitzer, um assassinado, na Ásia; o outro que viveu mais de meio século nas selvas da África a fim de repartir com seus irmãos negros o grande tesouro da sua felicidade.

Naturalmente, quem confunde felicidade com prazer, e infelicidade com sofrimento, jamais compreenderá que homens dessa natureza possam ser milionários da felicidade. No entanto, eles o foram. E nenhum deles jamais se arrependeu do preço pelo qual adquiriu essa felicidade: a renúncia voluntária.

Existe uma renúncia negativa e destruidora — mas existe também uma renúncia positiva e construtora. Pode-se desertar de tudo por excessiva infelicidade, destruindo a própria vida do corpo — e pode-

-se abandonar tudo por excesso de felicidade, até a vista física. Quem encontrou o seu verdadeiro *Eu* assume atitude de benévola indiferença em face do que é *seu*.

Há homens escravizadamente escravos.

Há homens livremente livres.

E há homens livremente escravos, homens tão soberanamente livres de todas as escravidões internas que podem voluntariamente reduzir-se a uma escravidão externa, por amor a um ideal ou à humanidade.

Esses homens livremente escravizados por amor são os grandes milionários da felicidade.

Albert Schweitzer, quando estudante universitário de 21 anos, sentiu dentro de si tamanha abundância de felicidade que resolveu consagrar o resto da sua vida ao serviço imediato da parte mais infeliz da humanidade, o que fez durante 52 anos até a idade de 90 anos, alquebrado de corpo, porém jovem de alma.

Mahatma Gandhi, aos 37 anos, adotou a humanidade inteira por sua família, gesto esse que foi acompanhado espontaneamente por sua esposa, não menos abnegada e feliz que o grande líder espiritual e político da Índia; e, depois de serem pais de quatro filhos físicos, se tornaram país de milhões de filhos metafísicos. Os bens materiais que Gandhi deixou após a morte foram três: uma caneta-tinteiro, um relógio barato e uma tanga. O "homem feliz" da fábula nem necessitava duma camisa para ser feliz, uma vez que a necessidade dos bens externos decresce na razão direta do aumento do bem interno.

Quando Jesus morreu na cruz não possuía mais nada; até as suas últimas vestimentas já tinham sido distribuídas pelos soldados que o vigiavam. Restavam-lhe, é verdade, os dois tesouros vivos: sua mãe e seu discípulo predileto, João; mas até deles se desfez antes de dar o derradeiro suspiro: "Senhora, eis aí o teu filho! discípulo, eis aí tua mãe!" Durante a sua vida, como ele dizia, era mais pobre que as raposas da terra e as aves do céu, não porque não pudesse ter bens externos, mas porque deles não necessitava, uma vez que possuía a plenitude do bem interno, a felicidade.

Na véspera da sua morte voluntária, disse ele a seus discípulos: "Eu vos dou a paz, eu vos deixo a minha paz, para que minha alegria esteja em vós, seja perfeita a vossa felicidade, e nunca ninguém tire de vós a vossa felicidade".

Assim fala um milionário de felicidade.

"Transbordo de júbilo no meio de todas as minhas tribulações!", exclama Paulo de Tarso, um dos maiores sofredores da humanidade e que conheceu poucos dias de saúde em sua vida.

Em última análise, quem nos redime de nossa infelicidade e nos introduz no reino da felicidade imperturbável é o nosso Cristo interno, o espírito de Deus que habita em nós. O grande segredo está em despertar em nós o nosso Cristo e entregar-lhe as rédeas da nossa vida. O resto vem por si mesmo.

Mas isso não é virtude — isto é sabedoria, é o conhecimento da última e suprema verdade dentro de nós mesmos. O homem é senhor e soberano de tudo que sabe — mas é escravo de tudo que ignora. O saber espiritual nos liberta da infelicidade e nos dá felicidade — a ignorância espiritual nos escraviza e nos torna infelizes.

LIBERTE SUA PERSONALIDADE
Autor: Maxwell Maltz
Formato: 14 x 21 cm
207 páginas
Summus Editorial
São Paulo
1981
(Ver p. 129)

Adquira o hábito de ser feliz

MAXWELL MALTZ

Neste capítulo quero debater com o leitor o tema da felicidade, não do ponto de vista filosófico, mas médico. O dr. John A. Schindler definiu a felicidade como "um estado de espírito em que os nossos pensamentos são agradáveis uma boa parte do tempo". Sob o aspecto médico, e também ético, não me parece que se possa melhorar essa simples definição. E é sobre isso que falaremos neste capítulo.

A felicidade é bom remédio

A felicidade é congênita do espírito do homem e da sua máquina física. Pensamos melhor, agimos melhor, sentimo-nos melhor e gozamos de mais saúde quando estamos felizes. Até os nossos sentidos trabalham melhor. O psicologista russo K. Kekcheyev submeteu algumas pessoas a testes quando estavam pensando em coisas agradáveis e desagradáveis. Verificou que quando elas entretinham pensamentos agradáveis seus sentidos da vista, paladar, olfato e audição eram melhores, e elas eram capazes de perceber diferenças mais sutis em tato, também. O dr. William Bates demonstrou que a vista melhora imediatamente quando o indivíduo pensa em coisas agradáveis ou visualiza cenas aprazíveis. Margaret Corbet descobriu que a memória se aguça sobremaneira e a tensão mental se desfaz quando acalentamos pensamentos agradáveis. A medicina psicossomática provou que estômago, fígado, coração e todos os nossos órgãos internos funcionam melhor quando estamos alegres. Há milhares de anos, o sábio rei Salomão já dizia em seus provérbios: "O coração alegre é bom remédio, mas o espírito abatido seca os ossos". É significativo também que tanto o judaísmo como o cristianismo recomendem a alegria, o regozijo, a gratidão, a jovialidade como meios de atingir a retidão e uma existência digna.

Estudando a correlação entre a felicidade e a criminalidade, os psicologistas da Universidade de Harvard concluíram que o velho provérbio dinamarquês "Quem é feliz não pode ser mau" encerra uma verdade científica. Verificaram que a maioria dos criminosos provinha de lares desditosos e tinha uma história de relações humanas infelizes. Um estudo da frustração, feito na Universidade de Yale, e que se prolongou por dez anos, revelou que grande parte do que chamamos de imoralidade e hostilidade para com outros é suscitada por sentimentos de infelicidade. Afirma o dr. Schindler que a infelicidade é a causa exclusiva de todas as doenças psicossomáticas, e a felicidade é o único remédio possível. Recente pesquisa demonstrou que, de modo geral, o homem de negócios alegre e prazenteiro, inclinado a ver "o lado bom das coisas", tem mais sucesso que o pessimista.

Parece que, na maneira popular de pensar a respeito da felicidade, se pôs o carro adiante dos bois. "Seja bom e será feliz", costuma-se dizer. "Eu seria feliz", dizemos a nós mesmos, "se tivesse sorte e saúde". Ou "seja amável e generoso para com os outros e será feliz". Estaríamos mais próximos da verdade se disséssemos: "Seja feliz — e você será bom, terá mais êxito, mais saúde e será mais benevolente para com os outros".

Erros comuns a respeito da felicidade

A felicidade não é coisa que se adquira ou mereça. A felicidade não é uma questão moral, mais do que o é a circulação do sangue. Ambas são necessárias à saúde e ao bem-estar. A felicidade é simplesmente "um estado de espírito em que nossos pensamentos são agradáveis uma boa parte do tempo". Se você esperar até que "mereça" ter pensamentos agradáveis, o provável é que tenha pensamentos desagradáveis a respeito de suas próprias falhas. "A felicidade não é recompensa da virtude", disse Spinoza, "mas a própria virtude. Não é por refrearmos nossos vícios que nos deleitamos na felicidade; mas, ao contrário, é por nos deleitarmos na felicidade que somos capazes de refrear nossos vícios" (Spinoza, *Ética*).

A busca da felicidade não é egoísta

Muitas pessoas sinceras sentem-se inibidas em buscar a felicidade por acharem que isso seria "egoísta" ou "errado". O altruísmo traz felicidade porque afasta nosso espírito de nós mesmos, de nossas faltas, pecados, preocupações (pensamentos desagradáveis), ou do orgulho que temos do nosso "valor", e também permite exprimirmo-nos criativamente e nos realizarmos, ajudando os outros. Um dos pensamentos mais confortadores para qualquer ser humano é saber que alguém necessita dele, que tem em si a possibilidade de contribuir para a felicidade de um semelhante. Entretanto, se fizermos da felicidade uma questão moral e nela pensarmos como algo a ser obtido, ou uma espécie de recompensa por sermos altruístas, é bem provável que experimentemos um sentimento de culpa por desejar a felicidade. A felicidade é consequência natural do nosso sentimento e ação altruísta, não é uma "paga" ou prêmio. Se fôssemos recompensados por sermos altruístas, o passo lógico seguinte seria supormos que quanto mais abnegados e miseráveis fôssemos, mais felizes seríamos. E essa premissa levaria à absoluta conclusão de que o meio de ser feliz é ser infeliz.

Se há aí implícita alguma questão moral, ela favorece a felicidade antes que a infelicidade. "A atitude da infelicidade não é somente aflitiva; é também mesquinha e feia", diz William James. "Que é que pode ser mais indigno do que uma atitude de lamentação, mau humor, tristeza, não importa quais sejam os males externos que a engendraram? Que há de mais ofensivo aos outros? E que há de menos proveitoso para se resolver uma dificuldade? Ela serve apenas para fixar e perpetuar o mal que a ocasionou, aumentando o que há de calamitoso na situação."

A felicidade não está no futuro, mas no presente

Verifiquei que uma das causas mais comuns de infelicidade entre meus pacientes é que estão sempre tentando viver suas vidas no futuro. Não vivem nem desfrutam a vida agora, mas esperam por algum acontecimento ou ocorrência. Serão felizes quando se casarem, quando arranjarem um emprego melhor, quando tiverem acabado de pagar a casa, quando seus filhos se formarem, quando tiverem completado alguma tarefa ou conquistado alguma vitória. Invariavelmente, sofrem desilusões. A felicidade é um hábito mental, uma atitude mental, e se não a aprendermos e praticarmos no presente, jamais a experimentaremos. Ela não pode depender da solução de algum problema exterior. Quando se resolveu um problema, outro aparece para ocupar-lhe o lugar. A vida é uma sequência de problemas. Para ser feliz você precisa ser feliz — ponto final! Não feliz "por causa de..."

"Estou há cinquenta anos reinando na vitória ou paz", disse o Califa Abdelraham, "amado pelos meus vassalos, temido pelos meus inimigos e respeitado pelos meus aliados. Honras e riquezas, poder e deleites estiveram sempre ao meu dispor e nenhum dos bens da terra faltou para a minha ventura. Nessa situação, enumerei diligentemente os dias de pura e genuína felicidade que me couberam. Foram exatamente catorze".

A felicidade é um hábito mental que pode ser cultivado e desenvolvido

"A maioria dos homens são tão felizes quanto resolvem ser", disse Abraham Lincoln. "A felicidade é puramente interior", afirma o psicólogo dr. Matthew N. Chappell. "É produzida não por coisas, mas por ideias, pensamentos e atitudes que podem ser desenvolvidos e elaborados pelas atividades da própria pessoa, independentemente do meio ambiente."

Ninguém, a não ser um santo, pode ser cem por cento feliz o tempo todo. E, como muito bem disse Bernard Shaw, seríamos provavelmente desditosos se isso acontecesse. Mas podemos, se tomarmos uma simples resolução, ser felizes e ter pensamentos agradáveis uma boa parte do tempo, com respeito à infinidade de pequenos acontecimentos e circunstâncias da vida diária que agora nos infelicitam. Em grande parte, é por puro hábito que reagimos com mau humor, desagrado e irritabilidade às pequenas contrariedades, frustrações, etc. Por tanto tempo "nos exercitamos" em agir assim, que isso acabou por se tornar habitual. Muito dessa reação de infelicidade habitual teve origem em acontecimentos que nós *interpretamos* como golpes contra o nosso amor-próprio. Um motorista buzina atrás de nós desnecessariamente; alguém nos interrompe ou não nos dá atenção enquanto falamos; alguém não faz por nós o que achamos que deveria fazer. Até mesmo eventos impessoais podem ser interpretados como afrontas ao nosso amor-próprio. O ônibus que íamos tomar *tinha* de estar atrasado; *tinha* de chover justamente quando planejávamos um passeio; o trânsito *tinha* de ficar congestionado justamente quando precisávamos apanhar o avião. Reagimos com raiva, despeito, autocompaixão — ou em outras palavras, com *infelicidade*.

Não se deixe levar pelas coisas

O melhor remédio que descobri para coisas como essas é usar a própria arma da infelicidade — o amor-próprio.

— Já foi assistir a algum espetáculo de televisão e viu como o animador domina a plateia?, perguntei a um de meus pacientes. — Ele ergue um cartaz escrito "palmas" e todos batem palmas. Ergue outro que diz "rir" e todos dão risada. Eles agem como carneiros, como se fossem escravos e reagem humildemente como lhes ordenam. Você está procedendo da mesma maneira. Está deixando que os acontecimentos externos e outras pessoas ditem o que você deve sentir e como deve reagir. Você está agindo como um escravo submisso e obedecendo prontamente quando algum acontecimento ou circunstância lhe faz um sinal — "Fique com raiva", "Fique preocupado" ou "Agora é hora de se sentir infeliz".

Aprendendo o hábito de ser feliz, você se torna senhor em vez de escravo, ou, como disse o escritor Robert Louis Stevenson: "O hábito de ser feliz nos liberta, pelo menos em grande parte, do domínio das condições exteriores".

Sua opinião pode acentuar os acontecimentos infelizes

Até mesmo em face de situações trágicas ou do mais adverso ambiente, podemos em geral conseguir ser *mais felizes* — se não completamente felizes — desde que tenhamos o cuidado de não aumentar o nosso infortúnio com sentimentos de autocomiseração, indignação ou com nossas próprias opiniões adversas.

"Como posso ser feliz?", perguntou-me a esposa de um alcoólatra. "Não sei", respondi, "mas a senhora pode ser *mais feliz* não acrescentando rancor e autocompaixão ao seu infortúnio".

"Como posso ser feliz?", perguntou-me um homem de negócios. "Acabei de perder 200 mil dólares na bolsa de ações. Estou arruinado e desgraçado."

"O senhor pode ser *mais feliz*", declarei-lhe, "se não acrescentar aos fatos a sua opinião. É um fato que o senhor perdeu 200 mil dólares. É sua opinião que o senhor está arruinado e desgraçado". Sugeri então que ele retivesse na memória a frase de Epicteto, que foi sempre a minha favorita. "O que perturba os homens não são as coisas que acontecem, mas sim a opinião que eles têm delas."

Quando eu disse que queria ser médico, ponderaram-me que isso não seria possível porque minha família não tinha meios. Era um fato que minha mãe não tinha dinheiro. Que eu jamais poderia ser médico, era apenas uma opinião. Posteriormente, disseram-me que eu nunca poderia frequentar cursos especializados na Alemanha e que para um jovem especialista em cirurgia plástica era impossível vencer montando consultório próprio em Nova York. Realizei tudo isso, e uma das coisas que mais me ajudaram foi ter eu me lembrado de que todos esses "impossíveis" eram opiniões, não fatos. Não só consegui atingir os meus objetivos, como também sempre me senti feliz enquanto lutava por eles, até mesmo quando tive de empenhar meu casaco para comprar livros de Medicina, e passar sem almoço para poder comprar cadáveres. Eu estava apaixonado por uma linda jovem. Ela se casou com outro. Esses eram fatos. Mas eu procurava sempre não me esquecer de que era meramente minha opinião que isso fosse uma "catástrofe" e que a vida não valesse a pena viver. Não somente venci a crise, como também o futuro se encarregou de demonstrar que aquilo foi a melhor coisa que me podia ter acontecido...

A atitude que conduz à felicidade

Já demonstramos antes que o homem, como é um ser feito para *lutar por objetivos*, funciona naturalmente, e de modo normal, quando está orientado no sentido de um alvo positivo, lutando por algum objetivo. A felicidade é sintoma de um funcionamento normal e natural, e o homem quando funciona como um "perseguidor de objetivos" que é, tende a ser feliz, sejam quais forem as circunstâncias. Meu jovem amigo, o homem de negócios, sentia-se infeliz porque perdera 200 mil dólares. Thomas Edison perdeu num incêndio, sem estar segurado, um laboratório avaliado em milhões.

— Que fará o senhor agora? — perguntaram-lhe.
— Começaremos a reconstruí-lo amanhã de manhã — respondeu Edison.

Apesar do seu infortúnio, ele manteve sua atitude empreendedora, continuando a atuar no sentido de um objetivo. E porque Edison manteve essa atitude dinâmica rumo a um objetivo, podemos sem receio de erro afirmar que ele em nenhum instante se sentiu triste ou infeliz com sua perda.

O psicólogo H. L. Hollingwortth disse que a felicidade *exige* problemas e mais uma atitude mental que esteja pronta para enfrentar qualquer percalço com uma ação determinada no sentido da solução.

"Muito do que chamamos mal se deve inteiramente à maneira como encaramos o fenômeno", disse William James. "O mal pode muitas vezes ser convertido num bem tônico e revigorante, mediante uma simples mudança da atitude íntima do sofredor, a qual, de medo que era, passa a ser de luta; suas ferretoadas podem quase sempre desaparecer e transformar-se em satisfação, quando, após tentarmos inutilmente evitá-las, concordamos em enfrentá-las e suportá-las de bom ânimo. Pois o homem está, pela sua honra, obrigado a assumir essa atitude quando se vê frente a frente com os muitos fatos que parecem de início perturbar sua paz. Recuse-se a admitir a maldade deles; despreze-lhes o poder; ignore-lhes a presença; volte sua atenção para outro lado; e, pelo menos no que concerne a você, embora esses fatos possam ainda existir, o que há neles de maléfico não mais existirá. Desde que é você que os torna maus ou bons, segundo sua maneira de considerá-los, segue-se que é o domínio do seu pensamento que deve, afinal, ser sua preocupação" (William James, *The Varieties of Religious Experience* — Variedades da experiência religiosa).

Volvendo os olhos para o meu próprio passado, noto que alguns dos anos mais felizes da minha vida foram aqueles em que eu lutava como estudante de medicina e, depois, vivendo do prato para a boca em meus primeiros anos de clínica. Não raro senti fome e mal tinha com que me proteger do frio. Trabalhava intensamente um mínimo de doze horas por dia. Muitas vezes não sabia de onde tirar dinheiro para o aluguel. Mas eu tinha um objetivo, tinha um ardente desejo de o atingir e uma férrea persistência que se manteve trabalhando incansavelmente na direção dele.

Contei isso tudo ao jovem homem de negócios e fiz-lhe ver que a verdadeira causa da sua infelicidade não era a perda dos 200 mil dólares, e sim a do seu objetivo; ele perdera sua atitude empreendedora e estava submetendo-se passivamente, em vez de reagir decididamente.

— Eu devia estar louco — admitiu ele tempos depois — para deixar o senhor me convencer de que não era a perda do dinheiro que me entristecia... Mas ainda bem que o senhor conseguiu!

Ele parou de lamentar seu infortúnio, "fez meia-volta", tratou de arranjar outro objetivo — e começou a trabalhar na direção dele. Ao cabo de cinco anos não só possuía mais dinheiro do que antes, mas, pela primeira vez, estava num ramo de atividade, de que realmente gostava.

Exercício: Forme o hábito de reagir de maneira decidida e positiva ante problemas e ameaças. Forme o hábito de estar permanentemente orientado no sentido de um objetivo, independentemente do que aconteça. Pratique, para isso, uma atitude positiva e decidida, tanto nas situações reais de cada dia, como também em imaginação. Veja-se, na sua imaginação, agindo de maneira positiva e inteligente para resolver algum problema ou atingir algum objetivo. Veja-se reagindo às ameaças da existência cotidiana não através da evasão, mas enfrentando-as, estudando-as, engalfinhando-se com elas de forma decidida e inteligente. "A maioria dos indivíduos são valentes apenas nos perigos aos quais estão acostumados, seja pela imaginação, seja pela prática", disse Bulwer-Lytton, o grande romancista inglês.

Pratique sistematicamente uma "mentalidade sadia"

"A medida da saúde mental é a disposição de encontrar o bem em todos os lugares", disse o famoso moralista Ralph Waldo Emerson. A ideia de que a felicidade — isto é, manter pensamentos agradáveis a maior parte do tempo — pode ser cultivada de forma deliberada e sistemática, se para isso nos exercitarmos mais ou menos a sangue-frio, sempre parece a meus pacientes, quando a sugiro pela primeira vez, pouco menos que incrível, senão ridícula. Entretanto, a experiência demonstrou não apenas que isso pode ser feito, como também que essa é, praticamente, a única maneira de se cultivar o "hábito de ser feliz".

Em primeiro lugar, a felicidade não é coisa que nos possa "acontecer". É, antes, alguma coisa que depende de nós mesmos. Ninguém, senão nós mesmos, pode decidir quais devam ser os nossos pensamentos. Os dias são, todos eles, uma mistura de acontecimentos bons e maus; nenhum dia é completamente "bom", nenhuma circunstância é totalmente "ruim". Há, o tempo todo, elementos e "fatos" presentes no mundo e em nossas existências pessoais que "justificam" uma atitude pessimista e rabugenta ou uma atitude otimista e feliz. Tudo depende da nossa escolha. Resolver deliberadamente ter pensamentos agradáveis é mais do que um paliativo: pode trazer resultados bastante práticos. Carl Erskine, o famoso lançador de beisebol, disse que o pensar errado o punha em maiores dificuldades do que jogar errado.

"Um sermão me ajudou a vencer o nervosismo, melhor do que os conselhos de qualquer treinador", disse Erskine. "A essência do sermão era que, como o esquilo armazena castanhas, nós devemos armazenar nossos momentos de felicidade e triunfo, de modo que numa crise possamos fazer uso dessas lembranças, para nos servirem de amparo e inspiração. Quando menino, eu costumava pescar na curva de um rio que passava perto da minha cidade. Lembro-me com nitidez daquele lugar, no meio de uma enorme e verde pastagem cercada de frondosas árvores. Sempre que percebo minha tensão crescer, seja no campo de beisebol, seja fora dele, concentro-me nessa repousante cena de infância. É quanto basta para soltarem-se os nós que há dentro de mim" (Norman Vincent Peale, *Faith Made Them Champions* — A fé os tornou campeões).

Gene Turney conta como quase perdeu sua primeira luta com Jack Dempsey porque concentrou o pensamento em "fatos" que não devia. Ele certa noite acordou com um pesadelo. "A visão era de mim mesmo, sangrando, moído e indefeso, caindo na lona, enquanto o juiz iniciava a contagem. Eu não conseguia parar de tremer. Ali mesmo eu tinha perdido a luta que significava tudo para mim — a coroa mundial dos pesos-pesados... Que podia eu fazer contra esse pavor? Logo adivinhei a causa. Eu estivera pensando a respeito da luta da maneira errada. Estivera lendo os jornais, que eram unânimes em dizer como Turney iria ser derrotado. Por causa deles eu estava já perdendo a batalha em meu espírito. Parte da solução era óbvia: parar de ler os jornais, parar de pensar na ameaça de Dempsey, nos punhos mortíferos e na ferocidade do campeão. *Eu precisava fechar as portas da mente* aos pensamentos destrutivos — e desviar o pensamento para outras coisas."

Um vendedor que precisava operar os pensamentos e não o nariz

Um jovem vendedor resolvera já abandonar o emprego quando me consultou a respeito de uma operação plástica no nariz. Este era um pouco maior do que o normal, mas de modo nenhum "repulsivo", como ele insistia. Achava que os clientes riam secretamente ou sentiam repulsa por causa do seu nariz. Era um "fato" que ele tinha nariz grande. Era um "fato" que três clientes haviam ido à companhia queixar-se de seu trato rude e hostil. Era um "fato" que seu chefe o suspendera e que, havia duas semanas, ele não fazia uma só venda. Em vez da operação no nariz, sugeri uma intervenção cirúrgica em seu pensamento...

Durante trinta dias ele devia "cancelar" todos os pensamentos negativos. Devia ignorar totalmente os "fatos" negativos e desagradáveis da sua situação e deliberadamente focalizar a atenção em pensamentos agradáveis. Ao fim de trinta dias ele não apenas se sentia melhor, como também verificou que seus clientes se tornaram mais cordiais, suas vendas aumentavam dia a dia e seu chefe o elogiou diante de seus colegas numa reunião de vendedores.

Um cientista põe à prova a teoria do pensamento positivo

O dr. Elwood Worcester, em seu livro *Body, Mind and Spirit* (Corpo, mente e espírito), relata o testemunho de um cientista mundialmente famoso:

"Até os meus cinquenta anos eu era um homem infeliz, inoperante. Nenhum dos trabalhos que depois fizeram minha reputação havia sido publicado. Vivia numa permanente sensação de abatimento e derrota. Meu sintoma mais doloroso era talvez uma terrível dor de cabeça que se repetia em geral dois dias por semana, durante os quais eu não podia fazer coisa nenhuma.

Eu lera alguma coisa na literatura sobre o Pensamento Novo, que na ocasião me parecia charlatanice, e uma ou outra afirmação esparsa de William James sobre a vantagem de se dirigir a atenção para coisas boas e úteis, ignorando-se o resto. Uma frase dele me ficou gravada no espírito: 'Teremos talvez de abandonar nossa filosofia do mal, mas que é isso em comparação com a vida de bondade que se ganha?', ou qualquer coisa assim. Até então essas doutrinas me pareciam nada mais que teorias esotéricas, mas vendo que meu espírito estava enfermo e minha vida era insuportável, deliberei pô-las à prova. Resolvi limitar a um mês o período de esforço consciente; pois achei que esse espaço de tempo era suficientemente longo para demonstrar a mim mesmo a validade delas. Durante esse mês decidi impor certas restrições aos meus pensamentos. Se pensava no passado, procurava fazer que minha mente se detivesse apenas em incidentes felizes e aprazíveis, os dias luminosos da infância, a inspiração dos mestres, a lenta revelação de minhas inclinações. Quando pensava no presente, eu deliberadamente voltava a atenção para seus elementos mais desejáveis

— o lar, as oportunidades que a solidão me dava para o trabalho, e assim por diante, e resolvi fazer o máximo uso dessas oportunidades, ignorando o fato de que elas pareciam conduzir ao nada. Ao pensar no futuro eu resolvia encarar toda ambição que fosse louvável e possível, como se ela estivesse ao meu alcance. Embora isso me parecesse ridículo na ocasião, vejo agora que o único defeito do meu plano, em vista do que me aconteceu desde aquela época, foi ter eu posto meus objetivos muito aquém do que devia."

Ele conta a seguir como suas dores de cabeça cessaram na primeira semana, e como se sentiu mais feliz do que em qualquer outra fase de sua vida. Mas acrescentou: "As mudanças exteriores em minha vida, resultantes da mudança do meu pensamento, surpreenderam-me ainda mais que as interiores, embora aquelas sejam consequências destas. Havia, por exemplo, alguns homens eminentes, cujo reconhecimento eu sempre ambicionara profundamente. O de maior projeção entre eles, para minha surpresa, escreveu-me convidando-me para ser seu assistente. Todos os meus trabalhos foram publicados, tendo-se criado uma fundação para publicar tudo o que eu venha a produzir no futuro. Os homens com quem trabalho têm-se mostrado prestimosos e cooperativos, principalmente por causa do meu novo estado de espírito. Antigamente não me suportavam... Quando medito nessas mudanças tenho a impressão de que num dado momento tropecei cegamente no caminho da minha vida, e fiz que passassem a trabalhar para mim forças que antes estavam contra mim" (Elwood Worcester e Samuel McComb, *Body, Mind and Spirit* — Corpo, mente e espírito).

Como um inventor utilizava "pensamentos felizes"

O prof. Elmer Gates, da Instituição Smithsoniana, foi um dos maiores inventores do país e reconhecidamente um gênio. Ele tinha por hábito diário "pensar em ideias e lembranças agradáveis" e acreditava que isso muito o auxiliava em seus trabalhos. "Quem deseja aperfeiçoar a si mesmo", aconselha ele, "deve invocar esses sentimentos mais sutis de benevolência e boa vontade que só de vez em quando nos ocorrem. Faça disso um exercício regular, como erguer halteres. Aumente gradualmente o tempo dedicado a essa ginástica psíquica, e ao fim de um mês você verá os surpreendentes resultados. A mudança será notável em suas ações e pensamentos".

Como aprender o hábito de ser feliz

Nossa autoimagem e nossos hábitos tendem a caminhar juntos. Mude uma e automaticamente mudará os outros. A palavra "hábito" significa, originalmente, vestimenta, roupa. Ainda costumamos usar o vocábulo nesse sentido. Isso nos dá uma ideia da verdadeira natureza do hábito. Nossos hábitos são, literalmente, vestimentas usadas por nossas personalidades. Não são acidentais ou casuais. Temo-los porque eles nos *assentam bem*, são coerentes com a nossa autoimagem e com toda a nossa personalidade. Quando nós, de modo consciente e deliberado, criamos novos e melhores hábitos, os hábitos velhos se tornam inadequados para nossa autoimagem; esta adquire um novo feitio.

Tenho muitos pacientes que se espantam quando falo em modificarem seus padrões de ação habituais ou em agirem segundo novos padrões de comportamento, até que estes se tornem automáticos. Eles confundem "hábito" com "vício". Vício é algo a que nos sentimos atraídos e que provoca severos sintomas de afastamento. Hábitos, por outro lado, são apenas reações e respostas que aprendemos a ter automaticamente, sem precisarmos "pensar" ou "resolver"; são executados pelo nosso Mecanismo Criador. Noventa e cinco por cento de nosso comportamento, sentimento e reações são habituais. O pianista não "decide" em que tecla deve bater. O dançarino não "decide" que pé deve movimentar e de que maneira. Sua reação é automática e impensada.

Quase da mesma maneira, nossas atitudes, emoções e convicções tendem a se tornar habituais. Nós, no passado, "aprendemos" que certas atitudes, maneiras de sentir e pensar eram "apropriadas" a determinadas situações. Agora, tendemos a pensar, sentir e agir da mesma maneira, sempre que defrontamos o que interpretamos como "a mesma espécie de situação". O que precisamos compreender é que esses hábitos, ao contrário dos vícios, podem ser modificados, alterados ou invertidos; basta para isso que tomemos uma decisão *consciente* e depois nos exercitemos na nova reação ou comportamento.

Exercício

Habitualmente, você calça primeiro o sapato esquerdo ou o direito? Habitualmente, você amarra o cordão do sapato passando a ponta direita por trás da esquerda, ou vice-versa? Amanhã de manhã determine qual dos sapatos você calçará primeiro e de que maneira vai amarrar o cordão dos sapatos. Agora, resolva conscientemente que nos próximos 21 dias você vai formar o hábito de calçar o outro sapato em primeiro lugar e amarrar os cordões de maneira diferente. Agora, cada manhã, quando você *resolver* calçar os sapatos de uma certa maneira, deixe que esse simples hábito lhe sirva de lembrete para você modificar outras maneiras habituais de pensar, agir e sentir, durante todo o dia. Diga a si mesmo, enquanto amarra o cordão do sapato: "Estou começando o dia de uma forma nova e melhor". Depois, decida conscientemente que durante o dia:

1. Serei tão jovial quanto possível.
2. Procurarei me sentir e comportar de maneira um pouco mais cordial para com os outros.
3. Serei um pouco menos crítico e mais tolerante para com as outras pessoas, suas falhas, deficiências e erros. Interpretarei suas ações da maneira mais favorável possível.
4. Até onde for possível, comportar-me-ei como se o êxito fosse inevitável, e eu já fosse a espécie de personalidade que desejo ser. Exercitar-me-ei em "agir como" e "me sentir como" essa nova personalidade.
5. Não permitirei que minha própria opinião dê aos fatos um colorido pessimista ou negativo.
6. Vou me exercitar em sorrir pelo menos três vezes por dia.
7. Não importa o que aconteça, reagirei de maneira tão calma e inteligente quanto possível.
8. Ignorarei completamente e fecharei meu espírito a todos os "fatos" pessimistas e negativos que eu nada possa fazer para modificar.

Simples? Sim. Mas cada uma dessas maneiras habituais de agir, sentir e pensar tem indubitavelmente uma influência benéfica e construtiva em sua autoimagem. Ponha-as em prática durante 21 dias. "Experimente-as" e veja se o tédio, o sentimento de culpa, a hostilidade não diminuirão e se sua autoconfiança não aumentará!

COMO VIVER 365
DIAS POR ANO
Autor: John A. Schindler
Formato: 14 x 21 cm
260 páginas
Editora Cultrix
São Paulo
1954
(Ver p. 130)

Suas seis necessidades básicas

JOHN A. SCHINDLER

Muitas pessoas, vítimas da doença induzida pela emotividade, não percebem as emoções responsáveis pelo mau estado de saúde. Experimentam muitas vezes emoções fundamentais de tipo errado e pernicioso, porque suas *básicas necessidades psicológicas* não estão sendo satisfeitas.

A criatura humana comum, como você e eu, tem seis necessidades básicas e instintivas — seis *solicitações* psicológicas — arraigadas profundamente, que a criatura precisa satisfazer. Se uma dessas necessidades não for preenchida, produz-se uma profunda e inexorável inquietação, um desejo vago e insatisfeito e uma onda subterrânea de desilusão, imprimindo uma cor a cada minuto do dia e da noite.

Essa criatura pode estar se ajustando muito bem, pelo menos dentro de seu ambiente, conseguindo apresentar uma feição alegre e agradável; mas lá, bem no fundo, está o grande desejo insatisfeito a corroê-la, porque uma, ou mais, de suas necessidades psicológicas nada mais é que um bocejo amplo, vazio, doloroso, expressivo de sua infelicidade.

1. A primeira das necessidades básicas é a de amor

Toda pessoa (mesmo as que parecem odiar a todos) têm um desejo íntimo e uma necessidade de amor — quer receber afeição e consideração por parte de, pelo menos, outra criatura humana. Recebendo tal afeição, sentimo-nos importantes e valorizados; isso faz-nos sentir que temos um lugar na ordem das pessoas e das coisas.

A satisfação adequada dessa necessidade imprime um brilho de calor, riqueza e beleza à vida que, de outra maneira, seria vazia e monótona. Se não houver o amor de alguém, nenhuma verdadeira atenção por parte de outra alma, única que seja, faz-se, dentro de nós, um vácuo profundo no qual somos tragados pelas emoções de desgosto, anseios, solidão e, eventualmente, de hostilidade social. E tais emoções doentias estão constantemente presentes, dia e noite colorindo o cenário fundamental de nossa vida.

Essa lacuna pode começar na infância. Muita gente desventurada sente o aguilhão da lacuna afetiva desde a infância e daí para diante, por ter tido a má sorte de nascer dentro de uma família onde não existe verdadeira afeição. Mãe e pai mantêm-se em pé de guerra um contra o outro, com períodos durante os quais o litígio esquenta de verdade e o ambiente corrompe-se com palavras de ódio, com, talvez, um ou dois pratos a se quebrarem para sublinhá-las. A vingança que não podem tirar um contra o outro, tiram-na contra os filhos.

Os filhos, aprendendo por imitação, concebem que as bicadas, disputas, má vontade e ódio costumam encher qualquer vida; dessa maneira, irmãs e irmãos vivem como cão e gato, num contínuo revide de golpes. Cada qual se sente isolado, perseguido, explorado, indisposto e na defensiva. Esses rapazes e essas moças podem chegar à velhice, ou atravessar a vida inteira, sem nunca ter a mínima ideia do que seja esta coisa chamada afeição, ou que haja criaturas capazes de senti-la. Contudo, a necessidade psicológica de amor está presente, e essas pessoas sentem uma inquietação e um ardente desejo por alguma coisa que nunca tiveram. Basicamente, são profundamente infelizes.

O esquisito e trágico é que não têm consciência disso e, é claro, nem sequer imaginam que seja a falta de afeição o alicerce de sua constante inquietude.

Isso nada tem que esteja fora do comum. Denuncia-se frequentemente, através dos efeitos (que são a doença funcional e grande infelicidade) em algumas das melhores e mais conceituadas famílias.

Verna era uma linda jovem que perdeu a mãe na primeira infância. O pai, que nunca lhe demonstrou grande afeição, colocou a menina num orfanato onde ela encontrou mais abusos e tormentos psicológicos do que carinhos. Com a idade de 15 anos, conheceu Eugene, um rapaz rico e filho único, com uma mãe muito vigilante e egoísta.

Eugene cativou-se mais pelo encanto sexual de Verna que por qualquer outro motivo e, pela primeira (e única) vez na vida, fez uma coisa contra a vontade da mãe: fugiu com Verna. Verna não recebera afeição alguma no orfanato e recebeu menos ainda como esposa de Eugene. Eugene era demasiado egoísta, egocêntrico e dependente da mãe, para ser capaz de amar Verna. A mãe de Eugene, que sempre vivia nas proximidades da residência do jovem casal, não se conformava com a posição de Verna junto a seu filho e fazia o possível para prender Eugene junto de si, instigando-o contra Verna, de todas as maneiras possíveis.

Durante anos, prevaleceu tal situação. Quando vieram os filhos, a avó começou a trabalhar neles, a fim de instigá-los contra Verna; e, nisso, teve sucesso a ponto de que uma filha de 16 anos dizia, frequentemente, a Verna; "Odeio-a!" A necessidade de afeição não era a única que ficara vazia em Verna; algumas outras, sobre as quais falaremos adiante, também constituíam imensos abismos de desespero. Verna foi ficando doente, com transtornos funcionais que acabaram por torná-la uma inválida. Quando a causa da doença de Verna foi explicada a um marido que não queria acreditar, e à sogra, ambos passaram a aparentar afeição. Mas Verna era inteligente e sentiu-se envergonhada com a farsa. A única coisa que poderia alterar a situação seria fazer que Verna recomeçasse uma vida nova. Foi com muita dificuldade e com esforçada autodisciplina que Verna começou a sentir-se um pouco valorizada, dando e recebendo boa vontade de outras pessoas, quando foi trabalhar na Cruz Vermelha, num serviço externo.

Pior ainda que a situação de Verna é a de uma jovem criada na atmosfera de uma família amorosa e, depois, casada com um homem tão capaz de afeição como um requeijão gelado. Tais maridos (e há um bando deles) esquecem-se de que as esposas são seres humanos, com sentimentos e desejos humanos.

Tais indivíduos não fazem ideia de que haja coisas como sentimentos e desejos humanos — fora dos deles. Têm alguma inibição procedente da infância, em certos setores essenciais de suas personalidades. Se são capazes de alguma afetividade, jamais mostram tal capacidade às esposas. Afinal de contas, seria bem mais fácil para esses convencidões mostrar à mulherzinha alguma afeição, nas pequeninas coisas rotineiras. Um agradinho, um beijinho, um dito engraçado, um elogio à aparência dela ou aprovação de um prato gostoso poriam algumas flores no deserto árido onde essa pobre mulher tem de viver.

Finalmente, é um belo castigo para o grande idiota quando tem de pagar as contas do médico, bem compridas e bem pesadas, pelo tratamento de males funcionais dos quais ele, o marido, é a causa. Mas isso, também, ele lança contra a esposa censurando-a pela doença que a estúpida imaturidade dele produziu. Homens como esses são uma das causas preponderantes de distúrbios funcionais nas mulheres casadas.

O amor sexual é essencialmente importante. O que chamamos de amor, o que, para nós, significa afeição, é muito complexo, composto de vários elementos e uma parte da necessidade básica de amor é a solicitação sexual. Em qualquer matrimônio a afeição conjugal está intimamente ligada ao amor sexual. Um casamento raramente poderá ser unido, afetuoso e mutuamente satisfatório se a experiência sexual entre os cônjuges não for de união, de afeto e de satisfação mútua.

Se, por esta ou aquela razão, o amor sexual nunca é cultivado num matrimônio, vai diminuindo até desaparecer, e um ou ambos os cônjuges vai ficando inquieto, insatisfeito, irritadiço, resmungão e cheio de queixumes. A doença funcional produzida por essa espécie de situação é, frequentemente, muito difícil de tratar, porque o doente prefere manter em segredo o seu desgosto, consequentemente, nunca poderá ser assistido. Por vezes, essa espécie de dificuldade é impossível de remediar-se. Entretanto, esse tipo de perturbação produz alguns resultados bem estranhos.

Por exemplo, a sra. T... tinha uma grave fibrosite na parte

inferior das costas, tão grave que esteve em muitas clínicas e muitos hospitais. O tratamento usual quase não lhe fazia bem.

A sra. T... era uma mulher de teatro. Tanto ela quanto o marido ocupavam posição de destaque e responsabilidade, o que, para eles, era mais importante que a vida do lar. Depois de trabalharem o dia todo, voltavam para um lar (dirigido por uma governanta) onde, apenas, faziam as refeições ou recebiam visitas. Gradativamente, a vida sexual deles foi esmorecendo e perdendo o interesse, em parte porque a sra. T... tinha a tendência de depreciar a sexualidade em favor da sua carreira e, finalmente, porque o sr. T... encontrou maior satisfação numa amante secreta.

No começo, o esmorecimento da atmosfera sexual na vida conjugal foi bem recebido pela sra. T... Depois apresentou a fibrosite que, aparentemente, não tinha relação com a feminilidade da sra. T... Mas, então, ela também foi atirada aos braços de um amante e, pela primeira vez na vida, experimentou a satisfação sexual. O fato mais notável foi que a fibrosite desapareceu *de repente*.

Em razão da sua posição social e a um profundo sentimento de culpa, a sra. T..., periodicamente, negava-se a receber o amante. A cada um desses períodos de negativa correspondia um ataque de fibrosite, que desaparecia apenas fosse satisfeito o amor ilícito.

De muitas outras maneiras, a incompatibilidade sexual ou a infelicidade no casamento é a causa primária da doença funcional no marido, ou na esposa, ou em ambos.

Os velhos também precisam ser amados. Um grupo de pessoas que, comumente, sofre pela necessidade de amor e afeição é o dos velhos, que têm de andar cada vez mais sozinhos à proporção que aqueles que amavam e por quem eram amados vão sendo roubados pela morte. Um velho perde a esposa — a única pessoa que lhe demonstrava afeição — e, no lugar dela, encontra uma nora que lhe mostra, abertamente ou de mil e um modos disfarçados, que ele pertence à categoria das "coisas indesejáveis que somos obrigados a tolerar". E assim, uma vida no fim, que foi tão dedicada, torna-se como um assado no espeto, que vai sendo virado pelas mãos duma jovem mulher sem consciência, assistida pelos filhos, tacitamente ajudada pela atitude insensível do próprio filho do homem. Bastante do que, nos velhos, parece ser superficialmente uma moléstia degenerativa, característica da velhice é, na realidade, uma doença funcional, resultante da solidão, do sentimento de inutilidade, do desespero e da amargura, companheiros inseparáveis de suas longas noites e tristes dias.

2. Sua segunda necessidade básica é a de segurança

Freud assinala que o homem, acima de tudo, deseja ser amado. Adler opina que o homem deseja, acima de tudo, ser importante. Jung, que deseja segurança. Todos os três têm razão; o homem é um todo completo e precisa de muitas coisas.

Você se sente em segurança se — e somente se — houver uma renda suficiente para comprar pelo menos o necessário à vida, agora e nos anos futuros; se o seu direito de viver está protegido, contra demônios irresponsáveis e tiranos egomaníacos, graças a um governo justo; se você estiver relativamente convicto de que não será aniquilado por alguma doença devastadora ou alguma catástrofe; se tiver, perto de si, pessoas em quem confia e que sabe que o ajudarão numa hora difícil.

Sendo impossível a segurança *completa*, muitas perturbações e preocupações empanam um possível estado de segurança, quando as criaturas começam a pensar na insegurança de sua segurança. Ficam pensando em câncer e experimentam agonias piores que a da morte, cada vez mais repetidamente. Para esses indivíduos, a política do governo está-lhes preparando a ruína para daí a 30 anos. Têm certeza de que uma catástrofe, em uma de suas infinitas formas, está sempre a rondá-los.

Esses homens, é claro, nunca poderão saber o que seja um sentimento de segurança. Em razão da contínua sensação de insegurança, passam uma vida miserável, mental e fisicamente. Ficam solapados pela doença funcional. O que os atrapalha está bem claro: vivem mostrando suas eternas preocupações para todos, pensando em tudo o que de mal possa acontecer neste mundo.

Mas muita gente que *não está* em situação de segurança nunca o aparenta e, frequentemente, chega a tornar menor sua insegurança, perante seu próprio pensamento. Contudo, debaixo desta capa de emoções manifestas de momento a momento, experimentam uma sensação profunda de insegurança, que se revela por meio de modificações físicas.

Um diretor pode sentir insegurança relativamente à posição que ocupa, porque gente mais moça e cheia de capacidade vem subindo e lhe persiste no encalço. Um homem pode sentir insegurança na própria vida — como quem tenha um filho na guerra, como os judeus na Alemanha nazista, como os anticomunistas dentro da Rússia Soviética. Pode haver a insegurança que sente um rapaz que é alvo das perseguições num internato. Há a insegurança sentida pelo homem metido numa séria complicação.

Há centenas, ou talvez, milhares de modalidades de insegurança que o mundo prepara para os que nele vivem. Mesmo que as mantenhamos no fundo de nosso pensamento, tais inseguranças podem redundar em repetições monótonas de emoções desagradáveis, das que causam doenças funcionais.

Um dos ingredientes comuns que os indivíduos descobrem na velhice é uma sensação de insegurança. Têm de temer a má saúde, particularmente as doenças que os tornam inválidos. Muitos têm de temer a insegurança econômica. Muitos sentem-se inseguros sobre o que lhes reservará o fim da vida. Há a inevitável sensação de insegurança pela perspectiva de perder os seres amados, dos quais dependem para ter alguma assistência ou prazer na vida.

Assim, à falta de afeição, muita gente velha acrescenta a falta de segurança. Numa época em que devia ser amena e agradável, a vida torna-se cruel e penosa. Quando a raça se aproxima do fim e o homem está descendo por ínvios caminhos com tanto esforço, o auditório deveria dispensar-lhe aplausos; em vez disso, há as caçoadas por parte de criaturas insensíveis e o inquérito por parte do departamento de Serviço Social.

Os tipos de emoção que essas situações colocam ao lombo das pessoas idosas provocam na pituitária a secreção de STH. Os efeitos crônicos do STH são, essencialmente, os de degeneração dos rins, das artérias e dos órgãos em geral, como vimos no capítulo 4. Dessa maneira, as alterações degenerativas são aceleradas pela situação adversa em que se encontram as pessoas idosas. Se for mudado o tipo de emoções em tais indivíduos pelo preenchimento de necessidades básicas até então insatisfeitas — tais como as necessidades de amor e segurança —, invertem-se os processos de degeneração a tal ponto que o indivíduo parece muitos anos mais moço.

Muitas famílias sofrem a opressão da insegurança por causa do chefe que não sabe prover às necessidades do lar; se essa falta é resultado do alcoolismo, da preguiça ou da má sorte, é caso que só pode alterar a intensidade das emoções, mas não a sua cor essencial. Ter em perspectiva a perda da casa, da propriedade e do prestígio aumenta as dores de cabeça, as perturbações gastrointestinais e mais uma porção de outros efeitos funcionais.

3. A terceira necessidade básica é a de expressão criadora

A criança, erguendo construções com pedaços de madeira, a dona de casa fazendo cortinas novas, o financista planejando uma nova corporação de acionistas, a menina escrevendo versos, o pedreiro e o carpinteiro erguendo uma casa — todos têm a sensação muito satisfatória de, com material bruto, estarem criando alguma coisa nova.

Ninguém, incluindo você e eu, terá verdadeira felicidade se não estiver sendo construtivo em suas horas de lazer ou em seu trabalho. É natural a cada um identificar-se com o mundo das criaturas humanas e sentir que toma parte neste mundo. A solicitação universal de expressão criadora é uma vaga espécie de inquietação, que vai se tornando cada vez mais desagradável e perturbadora, se não for extravasada em ação. Mas quando se extravasa em ação vem um estremecimento que sempre a acompanha — como se a mente ficasse sem fôlego por um instante, com a íntima alegria de *fazer e criar*.

A atividade inventiva não deve ser frustrada. Não há frustração maior que a pessoa contrariada no intenso desejo de criar. É o caso de Ethel, por exemplo, que examinei em razão de uma doença funcional sobrevinda por causa dum desejo de criação cortado na raiz, por uma família inconsciente.

Ethel desposou Roger. Eram ambos excelentes criaturas e de muito boa família. No tempo da escola secundária, Ethel fez planos sobre a espécie de lar e de família que desejaria ter. Quando os dois se casaram, as condições econômicas na região não eram boas, e os pais de Roger convidaram os recém-casados para virem morar no primeiro andar da casa deles. Os sogros mudaram-se para o segundo andar. A sogra de Ethel era uma criatura atenciosa e boa, que desejava agir com tato e bondade em relação a Ethel. Cautelosamente e cheia de cuidados, sugeriu a Ethel que poderia fazer isto ou aquilo, desta ou daquela maneira. Ethel ficou muito agradecida pela sugestão e seguiu-a. A sogra sentiu-se encorajada pelo entusiasmo de Ethel e fez novas sugestões.

Quando vieram os filhos de Ethel, a sogra se tornou cada vez mais ativa na vida do casal. Ethel tinha, no íntimo, uma sensação inexprimível de ter sido absorvida pela família de Roger e não estar criando uma nova família ou um lar todo seu. Os sonhos dela desfaziam-se em nada. Pior ainda, sentia-se impossibilitada de sair de sua situação crítica, sem assumir uma atitude de extrema rudeza e causar desgostos a todos. Gradativamente, foi envolvida pelo sentimento de frustração e ficou doente. Isso foi mais um sinal para que a prestativa sogra se sentisse na obrigação de ajudar ainda mais. A sogra, na realidade, era a mãe nas duas famílias, e Ethel não passava duma filha dependente. E Ethel ficou bastante doente.

Sendo Roger e seus pais criaturas inteligentes, o médico, finalmente, pôde fazê-los compreender a situação crítica de Ethel. Pôde mostrar-lhes que Ethel precisava, acima de tudo, ser a Ethel que sempre esperara ser; precisava criar o seu próprio lar e sua própria família. Ethel e Roger mudaram-se para uma casa só deles e que planejaram sozinhos. Ethel recuperou a saúde.

Há muita gente tão profundamente perturbada e tão frustrada como Ethel, por ter sido incapaz de seguir a solicitação de fazer ou criar certas coisas, um imperativo que pode ter sentido desde a infância. Essa gente pode aparentar alegria, na superfície, porém a tonalidade mais profunda de suas emoções está muito longe de ser alegre — sua direção retorcida leva-a à inquietude, aos anseios insatisfeitos, à angústia, ao desânimo e, finalmente, até mesmo à perda da autoestima.

4. A quarta necessidade é a de reconhecimento

Há, em cada um, a necessidade de sentir que tanto sua pessoa como seus esforços estão sendo apreciados — apreciados por aqueles por quem se está esforçando.

Toda criatura necessita ser considerada de *alguma* importância por alguém, e estar fazendo *alguma coisa* que seja de *alguma* utilidade.

Frequentemente, um homem pode deixar uma excelente posição

por sentir que seus esforços não são devidamente apreciados. Ressente-se pelo fato de trabalhar mais do que lhe manda o dever e produzir acima da expectativa, sem que nenhum de seus superiores ou seus companheiros de trabalho deem-lhe o menor sinal de reconhecimento. Abandona o emprego.

A dona de casa que não recebe manifestações de gratidão. Pensemos na dona de casa. Na verdade, sob o ponto de vista de completa monotonia e da quantidade de tempo gasto no trabalho, a dona de casa tem o emprego mais duro que existe. Contudo, a maioria de nossas donas de casa nunca recebe uma palavra de reconhecimento, do começo ao fim do ano. Elas, e sua árdua tarefa de lavar e passar, são consideradas coisas naturais, tanto pelo marido como pelos filhos. As refeições preparadas são aceitas com o mesmo ar silencioso de que "afinal de contas, ninguém pode passar sem comer". Cada um acha que a casa limpou-se sozinha, que as coisas saíram do chão sozinhas, que as roupas limpas meteram-se nos armários por conta própria e automaticamente, que, enfim, os confortos do lar existem naturalmente, sem o toque de mãos habilidosas.

Essa falta de reconhecimento por um serviço pesado, essa falta de gratidão, transformam o serviço de casa no mais duro dos trabalhos. O marido deixa o emprego em razão da falta de reconhecimento por parte dos patrões, mas a dona de casa não o pode abandonar. Todavia, sente, cada vez mais profundamente, a desilusão pela falta de reconhecimento. Muita canseira no curso dos trabalhos domésticos constantes decorre da falta de gratidão de todos para com a dona de casa. O cansaço dela é o da criatura humana que foi relegada à posição de escravo, que trabalha duramente sem receber consideração alguma.

O velho que não recebe manifestações de gratidão. Também na velhice ocorre a falta de reconhecimento.

A maior parte do reconhecimento recebido pelo seu trabalho, ou reconhecimento dele como indivíduo, vai-se acabando na vida do velho, com a morte dos amigos. Um elemento importante no que chamamos de amizade é a troca de afeição mútua. Um homem sem amigos pode satisfazer sua necessidade de reconhecimento somente à custa de extraordinário mérito, e uma avenida dessas não se abre mais para uma pessoa idosa a quem negam um emprego, dentro de sua especialidade. Os circunstantes consideram a velhice como incapacidade e, em geral, não dão valor à pessoa idosa, simplesmente porque é idosa. Especialmente quando o velho é pobre, é considerado como um peso morto na sociedade. Se for rico, transforma-se numa oportunidade para exploração. Em lugar de receber reconhecimento, a pessoa idosa é tratada como um fracassado, uma vela já gasta e pronta para ser jogada no lixo. Uma pessoa que viveu bem e corajosamente, cujos atos nos primeiros anos da vida beneficiaram a nova geração que ora os critica é, frequentemente, posta à parte com frieza e incompreensão, debaixo de pedradas espirituais, se não físicas. Foi-se o reconhecimento; foi-se a aprovação; resta apenas um velho indesejável. A violenta necessidade de reconhecimento provoca emoções que apressam o fim.

Admire seu filho, mas não o estrague com mimos. No começo da vida, também, o reconhecimento é importante — tão importante quanto o amor. A criança inteligente e precoce candidata-se a receber reconhecimento demais — poderá ser enterrada nos elogios, de modo a nunca mais poder emergir a cabeça até a claridade e avaliar-se como realmente é. E daí por diante, viverá atrapalhada por causa da opinião demasiadamente elevada a seu próprio respeito.

Por outro lado, a criança menos inteligente e retardada pode sentir-se frustrada na necessidade de reconhecimento. Procura, com sua maneira imperfeita e hesitante de agir, realizar algo capaz de atrair um pouco de reconhecimento pelo qual ela, como qualquer outra criatura, anseia. Mas, em vez disso, as reações dos circunstantes fazem-lhe sentir que seus esforços nada mais são que fracassos. A criança sente que não pode igualar-se aos irmãos ou irmãs. Só recebe atenção dentro do campo dos castigos e repreensões. Elogios são coisas raras. Vai desenvolvendo uma sensação crescente de incompetência. O importante elemento da autoestima gradativamente a abandona, talvez, para nunca mais voltar. A criatura torna-se permanentemente infeliz e inquieta. Poderá, mesmo, procurar a espécie de reconhecimento que recebem aqueles que fazem más ações. Transforma-se numa causa perdida, porque sua necessidade de reconhecimento é uma causa perdida.

5. A quinta necessidade é a de novas experiências

Uma criatura humana não pode permanecer numa rotina monótona sem desenvolver uma repetição monótona de emoções desagradáveis e a consequente doença funcional. Qualquer emprego, com uma prolongada continuidade, traz consigo certa dose de monotonia. Entretanto, o mais monótono dos empregos pode tornar-se suportável pelo pensamento de que uma nova experiência está à frente. É como disse uma dona de casa: "Eu estaria dando gritos de desespero se não fosse pela viagem a Black Hills que estou esperando para daqui a um mês".

É emocionalmente mau o dia que começa sem a esperança ou expectativa de uma única compensação. Até uma ida ao açougue poderá ser uma compensação, assim como uma conversa fútil ou o encontro com uma pessoa interessante.

Aqui também a dona de casa está, decididamente, numa posição menos afortunada. Os dias comuns oferecem mais variações e oportunidades para novas experiências ao indivíduo de sexo masculino. Sai de casa e afasta-se da vizinhança para trabalhar, encontra várias pessoas e conversa com elas, e mesmo seu trabalho poderá oferecer-lhe interessantes variações. Essas fáceis oportunidades para novas experiências não estão ao alcance da esposa.

Provavelmente, o melhor exemplo de como a escassez de novas experiências pode produzir grave doença funcional foi o caso da sra. S... Ela estava apenas com 26 anos quando a examinei pela primeira vez. Encontrava-se na casa da mãe por estar de cama, havia quase três meses. Quando a sra. S... tentava levantar-se ficava tonta, desmaiava e tinha de voltar para o leito. Tinha tido hiperventilação, era evidente. Lembro-me de quando recebi o primeiro chamado para vê-la. Eu estava ocupado e mandei em meu lugar um estudante do quarto ano de medicina, que estava praticando no meu consultório.

O rapaz voltou todo entusiasmado e exclamou: "Puxa! Tenho alguém com hiperventilação para trazer à sua clínica!" Era um bom estudante e bem inteligente. Os médicos que, até então, tinham cuidado da sra. S... haviam dado vários rótulos à sua doença: "anemia", "distúrbios femininos" e, mesmo, "perturbação cardíaca", de modo que, além de estar desanimada, a doente estava muito perplexa.

Desde a infância, a sra. S... tinha sido uma pessoa eminentemente normal — o que também significa que tivera uma satisfação normal de suas necessidades básicas. Casou-se durante a II Guerra Mundial e logo teve dois filhos. Quando o marido foi desligado do Exército, arranjou um lugar de distribuidor de pão, de uma padaria central para cidades vizinhas. Ele saía de casa às duas horas da madrugada — e voltava ao meio-dia. As casas eram raras, porém o casal, finalmente, encontrou uma que tinha a vantagem do aluguel baixo. A casa distava seis milhas da cidade mais próxima — uma casa de aspecto sombrio, pintada de verde monótono, situada no alto duma colina desolada, pedregosa, sem uma árvore. Naquele ambiente fúnebre e horrível, sem vizinhos, com uns quadros muito modestos e mal mobiliados, a sra. S... tentou, com energia e desespero, construir um lar suportável e criar os filhos, numa boa disposição de espírito.

Em razão da necessidade de o marido dormir e por causa das crianças pequenas, o casal achava impossível sair à noite. Além disso, não havia nada que merecesse a pena de saírem de casa. Depois que o marido saía, a altas horas da noite, a sra. S... tinha medo de ficar sozinha com as crianças, num lugar tão solitário. Um cão de guarda, muito irrequieto e que não inspirava muita confiança, era o fraco conforto que lhe restava. Os rochedos escuros e áridos lá fora acrescentavam uma nota ainda mais triste, durante o dia.

Se o marido tivesse um centavo de compreensão, cinco centavos de simpatia e dois centavos de boas intenções, teria percebido o que tal situação significava para a esposa. Mas ele dava *suas* rodadas distribuindo pão, trocava gracejos com outros entregadores e empregados, *via coisas e fazia coisas*. A sra. S... nem podia sair de casa, pois o sr. S... tinha de ir de automóvel para o serviço.

O homem ficou surpreendido e aborrecido quando sua esposa se tornou cada vez mais queixosa e doente. Cada vez ela passava mais tempo na casa da mãe e isso ele considerava como um ato que o destituía do legítimo direito de ter seu lar. Criticava-a pelas despesas com os médicos. Finalmente, quando o estudante de medicina descobriu a verdadeira doença da sra. S..., o sr. S... supôs que a explicação do médico fosse uma invencionice, fruto da imaginação.

Mais tarde, o sr. S... compreendeu melhor as necessidades da esposa, quando descobriu que, depois do tratamento, tornou-se, novamente, a esposa ativa e eficiente que lhe preparava as refeições e lhe lavava a roupa. Ela melhorou ainda mais depois que o marido arranjou outra casa, mais bonita, numa cidade atraente onde ela podia ter uma árvore no quintal, vizinhos agradáveis e um canteiro de areia para os filhos. Era-lhe o bastante.

Mas, como já disse, a sra. S... era uma pessoa normal — tinha satisfatória capacidade de adaptação. Foram a absoluta impossibilidade de novas experiências (de que uma moça sensível e cheia de vida como a sra. S... necessita) e mais, é claro, a falta de segurança, a ausência de afeição e os efeitos depressivos daquele horrível ambiente que a derribaram na cama, durante três longos meses. Mas, agora, ela vai indo bem.

6. A sexta necessidade básica é a de autoestima

A despeito das desilusões, dos pequenos ou grandes fracassos experimentados durante a vida, a maioria consegue pensar suficientemente bem de suas próprias pessoas, para prosseguir avante. Embora as suas capacidades atuais possam ser mínimas e suas deficiências possam (para os outros) abafar a insignificância de suas boas qualidades, a criatura sempre consegue descobrir em si algo capaz de assegurar uma satisfação pessoal — nem que seja uma reação contra as críticas, suportando-as com um complexo de injustiça.

Uma pessoa despedida do emprego que imaginava estar desempenhando bem, ou que "ouve umas verdades" de alguém de cuja boa vontade não pode duvidar, ou que perde, em virtude de alguma catástrofe, tudo pelo que trabalhava, tem de experimentar uma sensação de que nada lhe resta, uma sensação de completo vazio e fracasso, está liquidada. Contudo, depois de pouco tempo, o sentimento de segurança, o sentimento de que, afinal de contas, vale alguma coisa vão voltando gradativamente, e, embora um tanto ou quanto defraudada e diminuída, volta-lhe a consideração por sua própria casa. Mal repara nas cicatrizes.

Entretanto, muitos indivíduos perdem *todo e qualquer* vestígio de autoestima, consideram-se fracassados sob todos os pontos de vista; nada há a fazer ou tentar. Sentem-se como se estivessem sobrando no mundo, não tendo valor, nem importância, nem capacidade, nem juízo, nem futuro, nem passado, a não ser culpas e fracassos. Não há medidas para o desespero que sentem essas criaturas. São os mais infelizes, os mais doentes e os mais dignos de lástima entre todos os seres humanos. Esse estado mórbido, no qual desaparece por completo a autoestima, constitui o chamado estado depressivo. A completa falta de esperança, hora após hora, pode, finalmente, levar o homem a um surto de jactância furiosa, no chamado *estado maníaco-depressivo*.

Dois tipos de pessoas predispostas à depressão. Dois tipos de pessoas expõem-se particularmente à perda da autoestima e aos estados depressivos. Um tipo é o da pessoa com grande dose de autoconfiança e estima, sem grandes razões para tanto, dada a deficiência em suas aptidões. O outro é o da pessoa que começa com um forte complexo de inferioridade na juventude, nunca consegue livrar--se deste e, finalmente, sucumbe a uma série de fracassos.

As depressões ocorrem em qualquer época da vida, porém são mais comuns depois da meia-idade, lá pelo tempo em que se olha para trás e se chega à conclusão de que nossas ações e realizações nunca corresponderam aos nossos primitivos planos e esperanças. Apenas isso não ocasionará a depressão, mas, se surgirem imprevistos desagradáveis, o que sobrou da autoestima começa a evaporar-se.

John Doe tinha sido sempre um indivíduo confiante em si mesmo e bastante fanfarrão. Estava sempre pronto a criticar os pontos de vista religiosos e políticos dos outros, e "pô-los em seus lugares". Isso o transformava num motivo de irritação em qualquer escritório onde trabalhava, particularmente ao patrão cujas aptidões John Doe considerava muito inferiores às suas. Aos quarenta anos, John Doe despediu-se tempestuosamente do emprego. E, saiu do escritório como um pé de vento! E, mais ainda, tinha decomposto o patrão, pondo-o no seu lugar. Naquele tempo era fácil arranjar trabalho, e J. D. entrou numa companhia mais importante, onde julgou que suas aptidões seriam reconhecidas e amplamente recompensadas.

Mas nunca conseguiu ser promovido. Sua maneira de agir tornou-se muito desagradável. Começou a ser ríspido com todos. E, um belo dia, aos 56 anos de idade, disseram-lhe, calmamente, que seus serviços não eram mais necessários. Naquela ocasião já era bem mais difícil arranjar-se emprego e, antes de encontrar um, ficou verdadeiramente alarmado com a perspectiva de não conseguir colocação. Estava no novo emprego havia apenas dois meses quando foi despedido. Sua esposa, que nunca fora muito fácil de convivência, censurava-o dia e noite.

John, finalmente, ficou arrasado por completo. Tudo aquilo que presumia ser agora reconhecia como tendo sido um engano; tudo de que se orgulhava era, agora, uma desilusão; as coisas que sempre sonhara ser ou fazer tinham se desvanecido. A única perspectiva que restava era recorrer ao Serviço Social. John Doe caiu numa grave depressão e foi internado num hospital do Estado.

Há toda espécie de variações nesse tema. Por vezes, o fracasso do indivíduo é indiscutível, porém, outras vezes, não é tão grande como a vítima imagina que seja.

O que acontece em qualquer dos casos é que a pessoa não tem suficiente autoconfiança para prosseguir ou fazer alguma coisa. Sente-se como se estivesse flagelando a si mesma.

A frustração dessa sexta necessidade psicológica acarreta efeitos mais imediatos e aparentes do que os de qualquer outra das solicitações básicas. Essas podem provocar, eventualmente, uma sensação de vaga ansiedade e inquietude. A perda da autoestima denuncia-se pelo estado depressivo.

Gradativamente, a sensação de completo fracasso vai-se dissipando e, depois de meses ou anos, a pessoa readquire suficiente autoestima, até conseguir ser útil a si mesma e aos outros.

Se uma pessoa, na iminência de depressão, realizar o programa de controle consciente do pensamento, esboçado nestes capítulos, conseguirá evitar o estado depressivo. Quando se instala a depressão típica, existem duas orientações a serem adotadas: tomar conta do doente e esperar que a depressão se dissipe naturalmente ou, então, ministrar-lhe o tratamento de choques elétricos, que o libertará do estado depressivo dentro de duas ou três semanas. De outro lado, exercite no indivíduo o controle consciente do pensamento e procure manter-se fora da perigosa depressão.

O que fazer quanto às suas necessidades básicas

Faça uma revisão da presença ou ausência dessas seis necessidades psicológicas básicas em sua vida. Pergunte a si mesmo: *Será que eu, no meu mundo interior:*

1. recebo *amor* ou sou um indivíduo solitário e indesejável?
2. tenho *segurança*, ou ando temeroso pelo meu estado financeiro, meu emprego, minha posição social, meu estado legal?
3. exercito a *expressão* criadora no meu trabalho, nos meus passatempos ou de qualquer outra maneira?
4. desfruto do *reconhecimento* por parte de algum de meus semelhantes?
5. tenho possibilidade para *novas* experiências ou sou um fóssil encravado num sulco?
6. tenho *minha autoestima* ou estou perdendo a consideração por mim mesmo?

Você pode ser bem franco, sincero e objetivo nas suas respostas — pois está tratando com sua própria pessoa.

1. Se estiver mais ou menos na situação de Verna, e ninguém no mundo lhe proporciona, realmente, a mínima importância, a melhor compensação será dar o *seu amor* àqueles que o cercam e fazer por eles o que gostaria que fizessem por você. Lembre-se de que faz parte da maturidade a atitude de dar, de preferência à atitude de receber. É uma grande satisfação amar e fazer o bem às pessoas que nos cercam e que nada merecem ou nada esperam de nós.
2. Se é a *segurança* o que lhe falta, decida o que vai fazer a esse respeito e, depois, deixe o caso de lado, evitando remoer o assunto. Se nada puder fazer para aumentar sua segurança, de nada adianta se preocupar; já está bastante mau o caso. Lembra-se de como William, o Rei da Vida, tratava do problema da insegurança? Releia o capítulo 8.
3. Se lhe faltar a *expressão criadora;* se estiver sentindo que não está fazendo ou criando *coisa alguma*, que não passa de uma máquina para serviços de menor importância, trate de encher o tempo trabalhando e não se consuma por causa disso. Procure realizar algo que sempre desejou ardentemente fazer; tente-o por sua própria conta; ou vá à escola vocacional mais próxima e procure aprender alguma atividade criadora. Poderá muito bem começar a viver!
4. Se está ansioso pelo *reconhecimento*, deixe de ficar ansioso; contente-se com a compensação de saber que está fazendo *pelos outros* o mais e o melhor que pode. Em troca, mostre-se *reconhecido aos outros*.

Se o seu marido ler isso, madame, talvez o grande simplório seja capaz de sentir um pouquinho de gratidão amanhã, dizendo: "Querida, seu jantar está maravilhoso!" Vai ser bom, hein? Mas, mesmo que não receba reconhecimento por parte dele, diga-lhe a senhora: "Você está, hoje de manhã, com um belo aspecto, Fred! Conquistei um bonitão!" Ele vai gostar disso e o fato de a senhora oferecer-lhe reconhecimento há de confortá-la quase tanto quanto a ele. Talvez algum dia, ele lhe pague na mesma moeda.

5. Se você se transformou num escravo (ou escrava), preso em monótona rotina, dê um jeito qualquer de fugir, metendo-se em alguma *nova experiência, durante todo o tempo*. Cumpra alguma coisa; faça algo de estimulante; acompanhe ou se junte a algum empreendimento, vá a algum lugar. Neste mesmo instante, sacuda-se e trate de planejar uma nova experiência!

6. Se a sua autoestima tem sido abalada ultimamente, trate de acalmar-se, com humildade. Não procure ser nem se presuma demasiado importante. Contente-se em ser uma criatura comum. Tem havido montes e montes de criaturas comuns — muitas mais dessa qualidade que de outras. Lincoln foi um homem muito simples, com humildade, como você. Então dê um sorriso! Ponha em ação o controle consciente do pensamento, tratando de substituir sua tensão emocional, entretida pelas emoções de fracasso, desilusão, inutilidade, por emoções salutares de serena coragem, determinação e alegria. Você vale tanto quanto eu; e nós valemos tanto quanto eles — que Deus os abençoe!

Pontos importantes a recordar

Existem necessidades psicológicas básicas em toda pessoa. Se alguma delas não foi satisfeita na vida a pessoa se sentirá essencialmente infeliz, tensa e inquieta, sem saber por quê. Essas necessidades são as de *afeição, segurança, expressão criadora, reconhecimento, novas experiências* e *autoestima*.

Se lhe faltar amor e afeição:
Dê aos outros mais do que seu quinhão de amor e afeto.

Se lhe faltar segurança:
De nada adianta acrescentar-se a preocupação a uma situação má; trate de hastear no seu mastro as bandeiras de sadias emoções.

Se lhe faltar expressão criadora:
Procure-a; nada o está impedindo.
Se lhe faltar reconhecimento:
Em lugar de esperar, proclame o seu reconhecimento aos outros; algum há de lhe vir em paga.
Se lhe faltarem novas experiências:
Mexa-se e arranje-as; esteja sempre planejando alguma coisa.
Se perdeu a sua autoestima:
Lembre-se disto: você é tão bom quanto eu; você e eu somos tão bons quanto eles — Deus os abençoe.

A FILOSOFIA DA MEDICINA
ORIENTAL
Autor: George Ohsawa
Formato: 14 x 21 cm
126 páginas
Editora Meridional Emma
Porto Alegre - RS
1970

Caminhos da felicidade, da saúde e da paz

GEORGES OHSAWA

O objetivo de cada um de nós neste mundo, a felicidade recebeu dos sábios do Oriente, há milhares de anos, uma definição que me parece ainda hoje válida. Segundo eles, homem feliz é aquele que:

1) tem uma vida sã e longa, e se interessa por tudo;
2) não se preocupa com o dinheiro;
3) sabe instintivamente evitar os acidentes e as dificuldades que conduzem à morte prematura;
4) compreende ser o Universo ordenado em todos os seus níveis;
5) não sente o desejo de ser o primeiro, porque sabe que os primeiros se tornarão para sempre os últimos.

A filosofia oriental ensina o meio prático de se atingir essa felicidade em todos os aspectos: individual, social, biológico, fisiológico, lógico e ecológico. A maioria dos grandes homens realizou--se por si próprios, o que demonstra a inutilidade da educação escolar, instrução formadora de escravos, cuja mentalidade é incompatível com a felicidade.

Neste guia, evito explicar a filosofia *Yin-Yang* da Felicidade, o Juízo Supremo e as chaves do Reino dos Céus, tais como foram vistas por Lao-Tsé, Buda, Sang-Tsé e tantos outros, porque já existem numerosíssimas obras a esse respeito. A compreensão integral dessa filosofia será inútil se não chegarmos a viver dias de felicidade, cada vez mais frequentemente.

Se a concepção oriental de felicidade vos interessar, experimentai o método macrobiótico[1] durante, pelo menos, uma semana ou duas. Eu o recomendo após tê-lo ensinado durante 48 anos, pois estou certo de que ele é o primeiro passo para a felicidade.

A outra via, que consiste em mergulhar nos estudos práticos e teóricos, é longa, difícil, enfadonha e infrutífera.

Não vos esqueçais de que a filosofia oriental é prática. Somente uma pessoa estranha aos métodos medicinais pode pretender procurar a felicidade do corpo aumentando o número de doentes com a ajuda de produtos farmacêuticos, cada vez mais numerosos, e de operações cirúrgicas, cada vez mais complicadas. A filosofia oriental é uma disciplina de vida que cada um pode seguir com prazer quando e onde quiser. *Ela restaura, ao mesmo tempo, a saúde e a harmonia entre o corpo, o espírito e a alma, condição indispensável a uma vida feliz.*

Todas as grandes religiões nasceram no Oriente, origem da luz. Graças a elas, os povos orientais, sobretudo os do Extremo Oriente, viveram pacificamente, durante milhares de anos, até a chegada da civilização ocidental, razão por que o Japão foi sempre denominado "o país da longevidade e da paz".

Tudo, porém, está sujeito a mudanças neste mundo flutuante. Os países da Ásia e da África foram colonizados pela civilização ocidental e seu pacifismo fez que abandonassem as suas próprias tradições e adotassem os costumes do Ocidente. A civilização importada torna-se cada vez mais poderosa, as guerras mais cruéis,

---

[1] Macrobiótica: do grego *macro*, que significa grande, e *bios*, que significa vida, isto é, técnica ou *arte da longa vida*.

e a civilização científica é agora a nova religião da humanidade. Nós admiramo-la muito. Poderemos, contudo, esperar que ela concorde com a velha civilização da saúde, da liberdade, da felicidade e da paz?

Procurei combinar, durante 48 anos, essas duas civilizações, e creio haver encontrado a maneira de o fazer. Penso que se os ocidentais estudassem a verdadeira filosofia oriental, resolveriam não somente os numerosos problemas de ordem científica e social, mas também as grandes questões, como as da felicidade e da liberdade.

O primeiro passo para isso consiste em estudar a alimentação oriental, base da saúde e da vida feliz e que, no Japão, era considerada como a arte divina da vida. Essa arte baseava-se em princípios filosóficos, enquanto no Ocidente o comer e o beber parecem ser guiados simplesmente pela procura do prazer. Os que acabam de fazer o que comumente se diz "uma boa refeição" mostram, por seus traços fisionômicos, que estão cansados, intoxicados pelos alimentos demasiadamente ricos que consumiram; seus propósitos não testemunham a lucidez de sua inteligência. Os pratos que se encontram nos restaurantes japoneses ou chineses da Europa satisfazem apenas o baixo prazer sensorial e eclipsam completamente o discernimento superior. Ao contrário, os verdadeiros mestres das cozinhas japonesa e chinesa preparam pratos excelentes para a saúde e a felicidade, segundo os princípios da macrobiótica. O regime dos mosteiros *zen* no Japão é chamado *Syozin Ryorir*, isto é, "cozinha que melhora o discernimento".

Se a indústria, na Europa e nos Estados Unidos, pudesse produzir uma alimentação macrobiótica, ela realizaria a primeira revolução desse gênero e declararia a guerra total à doença e à miséria.

A macrobiótica não é uma medicina empírica de origem popular nem uma medicina mística ou dita científica e paliativa, porém a aplicação, à vida diária, dos princípios da filosofia oriental. É a aplicação de uma concepção dialética do universo, velha de 5 mil anos e que indica o caminho da felicidade por meio da saúde. Esse caminho é aberto a todos, ricos e pobres, sábios e ignorantes. Todos aqueles que desejam sinceramente libertar-se de suas dificuldades fisiológicas ou mentais podem segui-la na sua vida cotidiana. Milhares de pessoas no Extremo Oriente levaram uma vida feliz, beneficiaram-se da paz e da cultura, durante milhares de anos, graças aos ensinamentos macrobióticos de Lao-Tsé, de

Sang-Tsé, de Confúcio, de Buda, de Mahavira, de Nagarjuna, etc..., e, muitos antes destes, dos sábios que elaboraram a ciência médica da Índia.

Tais ensinamentos envelheceram, porque tudo o que tem um começo tem um fim, e a eles se misturaram a superstição, o misticismo e o profissionalismo. É por isso que aqui vos ofereço uma interpretação nova da macrobiótica.

Perguntareis: por que no Ocidente existem tantos hospitais e sanatórios, tantos remédios e drogas, tantas doenças físicas e mentais? Por que há tantas prisões, tanta polícia e tantos exércitos?

A resposta é simples: todos nós temos doenças fisiológicas e mentais cujas causas nos são escondidas pela nossa educação, que não desenvolve em nós os meios de sermos livres e felizes, mas, ao contrário, nos torna "profissionais", isto é, escravos irracionais, cruéis, complicados e ávidos.

A felicidade e a infelicidade, a doença e a saúde, a liberdade e a escravidão não dependem senão da nossa atitude na vida e das nossas atividades. Estas são ditadas pela nossa compreensão da constituição do mundo e do universo[2]. Não existem escolas nem universidades onde possamos aprender a pensar corretamente. As palavras Liberdade, Igualdade e Fraternidade estão inscritas por todos os lados na França. A sua aplicação é, contudo, apenas teórica.

A vida é infinitamente maravilhosa. Todos os seres (com a única exceção do homem), pássaros, insetos, peixes, micróbios e mesmo os parasitas vivem felizes na natureza, livres de obrigações com respeito a si próprios e para com os outros. Passei dois anos na floresta hindu e um na africana, e jamais vi um só macaco, crocodilo, serpente, inseto ou elefante que fosse infeliz, doente ou obrigado a trabalhar para os outros. Todos os povos primitivos que viviam entre eles eram igualmente felizes, antes de serem invadidos por seus "colonizadores", armados de fuzis, de álcool, de açúcar, de chocolate e de religião. A única regra de vida desses primitivos era: quem não se diverte não come.

---

[2] O autor refere-se à sua teoria da "espiral logarítmica", tal como foi exposta em sua obra *A filosofia da medicina do Extremo Oriente*, cuja edição em português foi lançada pela Associação Macrobiótica de Porto Alegre. (N. do T.)

Sou o único, e talvez o último revoltado de cor amarela, que deseja viver tão feliz quanto os seus ancestrais. Desejaria restabelecer o reino onde aqueles que não se divertem não devem comer, onde cada um deve viver feliz, pois, como dizia Epicteto, a infelicidade é culpa de cada um. Nesse reino, não haveria nem empregador nem empregado, nem laboratório farmacêutico nem escolas, nem hospitais nem prisões, nem guerra, nem inimigos, porém todos seriam amigos íntimos, pais e filhos, não haveria trabalho forçado nem crimes, nem castigos, e todos seriam independentes.

Não sou, contudo, revolucionário nem tenho a intenção de restabelecer um império mundial aparente; desejaria, simplesmente, convidar algumas pessoas a viverem no meu invisível país das maravilhas, onde temos 365 dias de Natal por ano, em lugar de um só, e que foi chamado "Erewhon" por Samuel Butler.

A entrada nele é livre e gratuita, sendo suficiente adotar o regime macrobiótico, o qual para expô-lo escrevi o presente livro.

A filosofia do Extremo Oriente

Era uma vez um homem chamado Hou-i, que encontrou uma chave de pedra para abrir a porta do Reino dos Céus, de que "Erewhon" ou "Moni-Koo" são os nomes mais corretos. Vivia no alto de uma colina, em certo lugar no coração de um velho continente, muito quente durante o dia, muito frio à noite, sem armas, sem instrumentos, sem vestimenta, nem calçado, nem casa, nem papel chamado dinheiro, nem farmácias. Mas gozava a vida como todos os seus companheiros, os pássaros, as borboletas e todos os animais pré-históricos. Não havia leis nem ninguém para o obrigar, não havia ditadores nem ladrões, nem jornalistas, nem médicos; ele ignorava o telefone, os passaportes, os vistos, os controles e os impostos. Não tinha, pois, preocupações.

Milhões de anos se passaram. A sociedade nasceu, e veio, depois, a civilização. Os mestres apareceram, e a educação começou, isto é, os profissionais fabricaram imitações da curiosa chave e venderam-nas a preço elevado, como pedras preciosas, visto que todos as queriam. Esse comércio tem frutificado durante milhares de anos.

Proponho-me distribuir gratuitamente a verdadeira chave do reino da liberdade, da felicidade e da justiça a um número muito limitado de pessoas. Ao contrário dos mestres profissionais, gozo fartamente a vida como cidadão desse reino e não estou ligado às posses nem a pedaços de papel chamado "dinheiro".

Expresso-me numa linguagem infantil, capaz de ser compreendida por aqueles que merecem entrar nesse reino, porque aqueles que a compreendem logo recuperam a saúde física e mental. Chamo a esse reino "a filosofia do Extremo Oriente", fácil de entender para aqueles que não possuem muita frustração, e muito difícil para os outros. Ofereço essa chave do Reino dos Céus, sob forma de guia, na qual interpreto a nossa filosofia de 5 mil anos. A minha interpretação é apresentada sob uma forma inteiramente nova, porque a antiga escola foi completamente falsificada e modificada pelos "profissionais", e os mestres atuais continuam essa mutilação.

A minha filosofia, ou a minha nova interpretação da antiga, repousa no fato de que a medicina do Extremo Oriente é a aplicação à vida corrente da filosofia pré-histórica. Essa última é a base não somente da medicina mas também das cinco grandes religiões da humanidade. É por isso que Jesus curava os doentes, tanto físicos como mentais. Se a medicina curasse somente os males físicos, então seria uma péssima maga ou diaba, que nos tornaria mais infelizes que nunca. Mas curar somente o físico é impossível.

O verdadeiro inferno, como demonstra Sartre em *Huis Clos*, é de ordem psíquica, e seu micróbio ainda não foi descoberto, apesar dos progressos da microscopia; ele é uma consequência da mentalidade daqueles que ignoram a constituição do universo e as suas leis.

Estou cada vez mais convencido da eficácia e da superioridade do meu método, que me curou da tuberculose e de outras doenças, após ter sido desenganado pelos médicos, antes de ter atingido os 20 anos. Desde então, constatei milhares de curas surpreendentes, de desesperados que aplicaram os meus princípios na Ásia, na África e na Europa, tão simplesmente como o fazem os pássaros no céu, os peixes no mar e os animais na selva.

Abandonei o meu Japão natal há dez anos, para percorrer o mundo e procurar amigos capazes de entender e adotar a minha filosofia, e de restabelecer o invisível reino da saúde e da felicidade neste planeta.

A base dessa filosofia é assaz simples: é a aplicação do princípio *Yin-Yang*, isto é, a bivalência de cada coisa, de cada situação, de cada estado de espírito. Em outras palavras, cada coisa tem dois polos, e também seu contrário ou seu oposto: dia-noite, homem-

-mulher, guerra-paz, etc. É a conclusão à qual chegou, após longos anos de estudos, o historiador inglês Toynbee.

Pode-se aplicar esse princípio em todos os instantes da vida diária, nas nossas relações familiares, em nosso casamento, na nossa vida social e política, porque ele é o fundamento da nossa vida social e política, porque ele é o fundamento da nossa existência, está na natureza das coisas e pode servir de norma universal.

O meu método não consiste em destruir os sintomas a todo custo, pela violência, pela química e a física, nem atingir o psiquismo. É um processo simples, que procura não somente a cura (eliminação dos sintomas) ou o domínio da saúde, mas também a paz da alma, a liberdade e a justiça. É mais revolucionário que a energia atômica e as bombas de hidrogênio, pois altera todos os valores, todas as filosofias e todas as técnicas modernas.

A minha terapêutica

Segundo a medicina do Extremo Oriente, não existem meios terapêuticos, porque a Natureza, mãe de toda a vida, é a parte criadora e a grande curadora. A doença e a infelicidade, como o crime e o castigo, resultam da má conduta, isto é, de uma conduta que viola a ordem do universo.

De sorte que a nossa cura é infinitamente simples: toda a doença deve ser curada completamente em 10 dias, e eis por quê: a doença origina-se no sangue, o qual se decompõe um décimo todos os dias. Por conseguinte, o nosso sangue deve ser renovado em dez dias por uma alimentação normal e propriamente adequada.

Essa teoria é simples e obedece a uma lógica também simples. Mas a sua aplicação é delicada e pode ser muito complicada. Uma teoria sem o suporte prático é inútil, do mesmo modo que uma técnica sem teoria simples e clara é perigosa. Assim sendo, a nossa terapêutica é muito simples: consiste em utilizar os alimentos naturais e não empregar os remédios, as operações e as curas de repouso. Com efeito, é muito difícil encontrar, hoje em dia, alimentos e bebidas naturais. Entretanto, uma vez compreendido o princípio único de toda a filosofia e ciência do Oriente, isto é, a compreensão da constituição do universo e da sua ordem, nada existe que possa perturbar ou desanimar.

Infelicidade, doença e crime

Como Toynbee demonstrou, os impérios mundiais e suas respectivas civilizações foram destruídos por causa dos defeitos internos, do mesmo modo que todas as infelicidades e todas as doenças do homem, compreendendo o crime, são gerados por ele próprio, pela sua ignorância quase total das leis da natureza, porque, sendo o homem o Príncipe da Criação, ele nasceu no seio da felicidade celestial onde deveria permanecer.

Doenças incuráveis

Não existem doenças incuráveis. Milhares de pessoas doentes ditas incuráveis, como diabéticos, paralíticos de todas espécies, leprosos, epilépticos, asmáticos, etc., curaram-se em dez dias ou em algumas semanas pela macrobiótica, de maneira que estou convencido de que não haveria males incuráveis se se aplicasse corretamente a nossa filosofia médica.

Três terapêuticas

A meu ver, existem três categorias de terapêutica:

1. A *sintomática*, que propugna a destruição dos sintomas pelos paliativos físicos, sempre mais ou menos violentos. É a medicina animal ou mecânica.
2. A *educacional*, baseada no desenvolvimento do discernimento, que permite ao homem conservar e controlar a sua saúde. É a medicina humana.
3. A *criativa* ou *espiritual*, que consiste em viver sem medo nem ansiedade, em plena liberdade e na justiça, ou, por outras palavras, em cada um realizar o seu Eu. É a medicina do espírito, do corpo e da alma.

Se não desejardes adotar essa terceira terapêutica, é inútil continuar a ler este livro, posto que podereis ter a primeira pela medicina oficial, e a segunda, até um certo ponto, por um método espiritual ou psicológico.

Não existem doenças incuráveis para a Natureza, ou seja, para Deus, no Reino da liberdade, da felicidade e da justiça. Existem, porém, pessoas a quem não podemos curar ou a quem não podemos ensinar a curar-se. São os arrogantes, que negam a fé que remove as montanhas.

Se não tiverdes a vontade de "vivere parvo", isto é, simplesmente e com o mínimo, não deveis nem podereis curar-vos.

Ouve-se dizer, algumas vezes, que tal pessoa desejaria curar-se, que tem vontade de se libertar de seu mal, a todo o preço, porém essa vontade não é senão o desejo dessa pessoa de se recolher em si própria, por outras palavras, mera forma de derrotismo. Muitas pessoas desejam ser curadas por outras ou por qualquer instrumento, sem confessarem o *mea culpa*, nem procurarem a falta que constitui a causa do seu mal. São os descendentes da raça de serpentes, das quais falava Jesus, e eles não devem e não podem ser curados, pois não merecem o Reino dos Céus. A *vontade de viver* começa pela pesquisa da causa de todos os males, de todas as infelicidades, de todas as injustiças, a fim de as vencer sem violência, sem instrumentos, porém de acordo com as normas do universo, enquanto o desejo de curar os sintomas e de dominar a saúde não é senão uma manifestação do exclusivismo ou do egoísmo do indivíduo que não leva em conta a vontade do universo, ou que deseja mostrar-se superior a ela.

Satóri

O *satóri* é a convicção profunda, filosófica, bioecológica, lógica e fisiológica de se ter chegado ao Reino da Liberdade, da Felicidade e da Justiça, tanto em corpo como em espírito. Não é nem ocultismo nem misticismo.

Se o caminho do *satóri* vos parecer infinitamente longo, isso significa que a vossa orientação é errada, que aplicais a fórmula "nós não sabemos e não saberemos jamais", há muito sugerida pelos homens de ciência ocidentais, como Henri Poincaré, que presentemente reinam no mundo e são dominados por essa ideia.

Se desejais atingir o *Satóri*, deveis, antes de mais nada, estudar a nossa filosofia, base de todas as religiões, e praticar todos os dias, estritamente, o método macrobiótico. Deveis, antes de tudo compreender a maravilhosa constituição do universo e a sua justiça.

Para vos tornardes um bom chofer ou um bom piloto, é necessário começardes por aprender o mecanismo e o funcionamento do veículo. Do mesmo modo, para serdes médico do vosso corpo, necessitais estudar e examinar atentamente as suas reações. As trocas de pontos de vista sobre esse assunto com amigos que fizeram, ou fazem, a mesma experiência que vós, são igualmente plenas de ensinamentos.

Coragem, honestidade e justiça

Aquele que tem fama de ser corajoso ignora a coragem; aquele que é perfeitamente honesto ignora a honestidade; aquele que é correto ignora a correção; aquele que tem boa saúde ignora a saúde. O conhecimento é a carteira de identidade de um mundo restrito e ilusório, e não o do Reino infinito dos Céus.

Se estiverdes seguros das vossas aptidões, das vossas qualidades, dos vossos conhecimentos, da vossa fortuna, sois prisioneiros desse mundo limitado. Se sabeis o que é coragem, honestidade, justiça, paciência, saúde, não sois modestos e ficareis estranhos a essas qualidades. Estas não podem ser concedidas por outrem; deveis vivê-las vós mesmos. Se elas dependem de outros, ou de certas condições, são emprestadas e não vossas. Se alguém garantir a vossa liberdade, essa será vossa dívida, do mesmo modo que quanto maiores forem a justiça e a felicidade, concedidas por outrem, maior será a vossa dívida. Felicidade, liberdade e justiça devem ser infinitas e incondicionais: procurá-las entre os outros é levar uma vida de escravo.

Tolerância

Aprender a ser tolerante é o mesmo que confessar que não o somos. No entanto, nada existe intolerável neste mundo; tudo é tolerável. Um homem livre aceita tudo: o tempo bom e o péssimo, as dificuldades e as facilidades, a morte e a vida, e tudo com alegria. Não há protestos, nem objeções na Natureza; tudo está perfeitamente equilibrado.

Se considerardes, seja o que for, intolerável neste mundo, é que vós mesmos sois intolerável e exclusivista, e, como não podeis expulsar ou destruir aquilo que considerais intolerável, vivereis num inferno.

Se "tolerância" for a vossa divisa, isso prova que não sois tolerante. Todas as divisas desse gênero são uma confissão involuntária da vossa natureza, pois aquele que aceita tudo com prazer ignora o significado da palavra *tolerância*.

As seis condições da saúde e da felicidade

Antes de entrar nas minhas diretivas em matéria de regime alimentar, convém examinar o vosso estado de saúde segundo as seis condições seguintes:

As três primeiras são fisiológicas. Se as satisfizerdes, tereis 30 pontos, 10 para cada uma. Pela quarta e a quinta, deveis receber 20 pontos de cada; pela sexta, podeis obter 30 pontos. Se, de início, obtiverdes mais de 40 pontos, considerai-vos em boa forma, e, se ganhardes 60 pontos em três meses, será um ótimo sinal. Começai, porém, por fazer essa consulta antes de iniciardes o regime macrobiótico. No começo de cada mês, observareis um progresso maior ou menor, segundo o rigor com o qual tiverdes aplicado o regime. Experimentai esse teste com os vossos amigos e ficareis surpreendidos ao verificardes que certas pessoas têm boa aparência, mas, na realidade, péssima saúde.

1. Ausência de cansaço

Não deveis sentir-vos cansados. Se sois propensos a resfriados, isso quer dizer que a vossa constituição está cansada há muitos anos. Mesmo se ficardes resfriados apenas uma vez cada ano, isso é um péssimo sinal, porque os animais estão isentos desse mal, mesmo nos países frios, de forma que em tal caso a raiz do vosso mal é profunda. Se disserdes, de vez em quando: "É muito difícil" ou "É impossível" ou "Eu não estou preparado para fazer isto ou aquilo", mostrais o grau da vossa lassidão, porque se, na realidade, tivésseis boa saúde, venceríeis as dificuldades, umas após outras, com tanto alento como um cão perseguindo uma lebre. Se não abordardes dificuldades sempre maiores, sois um derrotista. É necessário que vos aventureis ao desconhecido, pois, quanto maior a dificuldade, maior será o prazer de vencê-la. Isso constituirá um sinal de ausência de cansaço, que é a verdadeira causa de todos os males. Podereis curar o vosso cansaço muito facilmente, sem medicamentos, se praticardes corretamente o método macrobiótico de rejuvenescimento e longevidade.

2. Bom apetite

Se não puderdes comer qualquer alimento natural com prazer e com a maior gratidão para com o Criador, é sinal de que vos falta o apetite. Se achardes apetitoso um simples pedaço de pão ou um prato de arroz integral, isso indica que tendes um bom apetite e um bom estômago. Um bom apetite, compreendendo o sexual, é a própria saúde.

O apetite sexual e a sua alegre satisfação constituem duas das condições essenciais da felicidade. Se um homem ou uma mulher não têm apetite nem prazer sexual, é que ele ou ela são estranhos à lei da vida, ao *Yin-Yang*. A violação dessa lei por ignorância só poderá conduzir à doença e às perturbações mentais. Os puritanos são pessoas impotentes e, por isso, detestam a sexualidade e, como todos aqueles que são tristes e descontentes, interior ou exteriormente, não entrarão nunca no Reino dos Céus.

3. O sono profundo

Se falardes dormindo ou tiverdes pesadelos, isso significa que o vosso sono não é bom. Ao contrário, se quatro a seis horas de sono vos satisfazem inteiramente, é que dormistes bem. Se não conseguirdes pegar no sono três ou quatro minutos após terdes deitado a cabeça sobre o travesseiro, em qualquer instante do dia ou da noite, e em qualquer circunstância, significa que o vosso espírito não está isento de medo. Se não puderdes acordar na hora fixada ao deitar, quer dizer que o vosso sono é imperfeito.

4. A boa memória

Se não esquecerdes nada do que vistes ou ouvistes, é que tendes boa memória. A capacidade de retenção aumenta com a idade. Seríamos infelizes se perdêssemos a lembrança daqueles que foram bons para nós, e sem uma boa memória, em diversos domínios, não seríamos outra coisa senão máquinas automáticas. Sem boa memória não podemos ter bom discernimento e teremos muitas falhas de conduta.

A memória é o fator mais importante da nossa vida e a base da nossa personalidade. Os iogues, os budistas e os cristãos têm sempre uma boa memória e chegam mesmo a lembrar-se de suas vidas anteriores.

Graças à macrobiótica, desenvolvereis a vossa memória ao infinito. Podeis constatar isso com uma pessoa diabética a quem a doença fez perder a memória. E não só os diabéticos, mas também os neurastênicos, os idiotas e os imbecis podem recuperar a memória. Conheci uma francesa, mme. L., professora de filosofia, que, juntamente com o marido e seus quatro filhos, seguiu o regime macrobiótico durante três anos, a fim de melhorar a sua memória e, ao mesmo tempo, a sua saúde. Para sua estupefação, sua filha mais velha, que era considerada por seus professores como atrasada mental, tornou-se a primeira da classe.

5. Bom humor

Libertai-vos da cólera! Um homem com boa saúde, isto é, sem medo nem doença, é feliz; vence em todas as circunstâncias. Tal homem será tanto mais feliz e entusiasta quanto maiores forem as suas dificuldades. A vossa aparência, a vossa voz, a vossa conduta e mesmo as vossas críticas devem provocar a gratidão e o bem-estar de todos os que vos rodeiam.

Cada uma das vossas palavras deve expressar a vossa alegria e o vosso reconhecimento, como o canto dos pássaros e o zumbido dos insetos do poema de Tagore. As estrelas, o sol, as montanhas, os rios e os mares participam da nossa natureza. Como poderemos viver sem sermos felizes? Deveremos ser como uma criança quando recebe um presente. Se não o formos, é porque estamos com péssima saúde. Um homem com boa saúde nunca se encoleriza.

Quantos amigos íntimos tendes? Um grande número de amigos íntimos e variados é o testemunho de uma larga e profunda compreensão do mundo. Não conto aqui como vossos amigos os vossos pais e os vossos filhos. Um amigo é alguém a quem vós amais e admirais, que vos retribui igualmente e fica à vossa disposição para vos ajudar a realizar os vossos sonhos, custe o que custar, sem que lho peçais.

Quantos amigos de coração tendes? Se tendes poucos, isso significa que sois exclusivista ou um triste delinquente, que não tendes suficiente bom humor para tornar os outros felizes. Se tiverdes mais de dois bilhões de amigos íntimos, podeis dizer que sois amigo de toda a humanidade. Isso, porém, não é suficiente, se contais somente os humanos, mortos e vivos. É necessário admirar e amar todos os seres, todas as coisas, mesmo as folhas da grama, os grãos da areia, as gotas de água. Eis aí o bom humor. É necessário poder dizer, e muitos chegam a fazê-lo, que jamais encontraram uma pessoa a quem não pudessem amar. Se não conseguirdes fazer que a vossa esposa ou os vossos filhos sejam vossos amigos íntimos, isso prova que estais muito enfermo. Se não estiverdes sempre alegre em quaisquer circunstâncias, parecereis um cego que não enxerga nada das maravilhas do mundo.

Se tendes qualquer queixa a formular, de ordem moral, mental ou social, o melhor que podeis fazer é fechar-vos no vosso quarto, como um caramujo na sua concha, e expressar o vosso ressentimento a vós mesmos. Se não tiverdes amigos íntimos, segui o meu conselho: tomai uma pequena colherada de "gersal" (3/4 de sementes de gergelim torrado e moído com 1/4 de sal marinho), a fim de neutralizar a acidez de vosso sangue. Podeis experimentar esse mesmo processo em vossos próprios filhos: deixai de lhes dar açúcar, mel, chocolate, etc., que acidificam o sangue, e em uma semana ou duas um menino muito *Yin* (passivo, melancólico) se tornará muito *Yang* (ativo e cheio de alegria). O óleo de gergelim do "gersal" reveste o sal e impede a sede. Penetra na circulação sanguínea e destrói a hiperacidez do sangue. Não esqueçais que um excesso de ácidos constitui um perigo de morte!

Dificilmente a gente encontra pessoas agradáveis, porque a maioria dos homens e mulheres são doentes e dignos de lástima, porque não sabem como conseguir o bom humor. Se tendes consciência da constituição maravilhosa do universo, deveis estar plenos de alegria e de gratidão, que não vos permitirão furtar-vos a transmiti-las. Oferecei bom humor, sorri e pronunciai, com voz agradável, a simples palavra "obrigado!", em todas as circunstâncias e tão seguidamente quanto possível. No Ocidente, diz-se: "dai e tomai!" *(give and take!)*. Nós, porém, dizemos: "dai, dai e dai, tanto quanto puderdes!" Não perdereis nada, pois que recebestes a vida e tudo neste mundo, sem esvaziar a carteira. Sois o filho ou a filha do Universo Infinito, que cria, anima, destrói e reproduz tudo o que necessitais. Se souberdes isso tudo, tereis em abundância. Se tiverdes medo de perder o vosso dinheiro ou a vossa propriedade, praticando o princípio de "dar, dar, dar", isso provará que sois doentes e infelizes e que o vosso discernimento está, particular ou totalmente, obscurecido.

A cegueira do espírito é bem mais perigosa do que a cegueira física. É necessário curá-la o mais rapidamente possível, a fim de receber o benefício da magnífica ordem da natureza. Se tiverdes medo de serdes despojado dos vossos bens, é porque sois vítimas do esquecimento, tendo perdido completamente de vista a origem de vossa fortuna e da vossa vida.

Se presenteardes uma pequena ou uma grande parte da vossa fortuna, geralmente não o fazeis segundo a máxima oriental de "dar, dar", porém, de acordo com o princípio de "dar e receber", que é uma camuflagem da teoria dos economistas ocidentais, e que não era senão um meio de justificar a colonização e a exploração, pela violência, dos povos de cor.

A dádiva oriental é um sacrifício, uma expressão de gratidão infinita e a compreensão de nos estarmos libertando de todas as dívidas. Sacrificar-se significa dar mais — o melhor daquilo que se possui. O sacrifício é um oferecimento ao amor eterno, à liberdade infinita e à justiça absoluta. O verdadeiro sacrifício consiste em dar alegremente a vossa vida ou o seu princípio onisciente, onipotente e onipresente: o *Satóri*. É, em resumo, uma libertação.

A nossa Mãe, a Terra, dá-se permanentemente para alimentar a erva, da mesma maneira que a erva se dá para alimentar os animais. Os animais vêm a este mundo com a sua alegria, e a única nota discordante é dada pelo homem, que mata e destrói. Por que o homem não se dá aos outros? Na Natureza, a morte é seguida de uma vida nova; de sorte que o homem, por sua vez, deveria mudar-se para realizar o mais espetacular milagre da criação e encontrar a liberdade infinita, a eterna felicidade e a justiça absoluta. Os que não compreendem isso são escravos, doentes ou insensatos.

Se fordes alegres em todas as circunstâncias, dando sem cessar aos outros e, em particular, a maior e melhor coisa deste mundo, sereis amados por todos e muito felizes. Podereis conseguir isso se seguirdes os meus conselhos. Encontrareis, então, os novos horizontes do país com o qual o homem sonha, de acordo com Toynbee, desde há mais de 3 mil anos. A minha medicina é uma espécie de tapete voador. Antes de mais nada, deveis restabelecer a vossa saúde, de modo a ganhar ao menos 60 pontos, de acordo com as seis condições da saúde e da felicidade.

6. Rapidez de raciocínio e de execução

Um homem em bom estado de saúde deve possuir a faculdade de pensar, de julgar e de agir corretamente com rapidez e inteligência. A rapidez é a expressão da liberdade. Os homens que são rápidos e precisos, bem como os que estão prontos a responder a qualquer apelo ou desafio, encontram-se em boa forma. Eles se destacam pela sua faculdade de pôr ordem em tudo na sua vida diária. Isso se verifica nos reinos dos animais e das plantas. A beleza da forma ou da ação é o sinal da compreensão da ordem do universo. A saúde e a felicidade são igualmente manifestações da ordem do universo, expressas na nossa vida cotidiana, da mesma forma que a serenidade. Além disso, a vida, a saúde, a divindade e a eternidade são uma só coisa.

É impossível realizar essas condições sem observar o regime macrobiótico, que representa a essência de uma sabedoria com mais de 5 mil anos e que é simples e fácil. Tornar-vos-eis então os criadores da vossa própria vida, da vossa saúde e da vossa felicidade, e podereis curar não somente os vossos males físicos, mas também as vossas deficiências psíquicas. Se conhecerdes um método melhor, indicai-mo, e eu abandonarei esse caminho para a felicidade, que sigo há 48 anos, e adotarei o vosso.

COMO VIVER MAIS E
MELHOR
Autor: Linus Pauling
Formato: 14 x 21cm
400 páginas
Editora Best Seller
São Paulo
(Ver p. 132)

Uma vida feliz e um mundo melhor

LINUS PAULING*

A partir do entendimento desenvolvido durante os últimos vinte anos pela nova ciência da nutrição, este livro mostrou como se pode viver por mais tempo e sentir-se melhor. Para chegar a isso, você não precisa seguir um regime penoso e desagradável. Ao contrário, trata-se de um regime sensato e ameno, como especificado no segundo capítulo deste livro e sob o qual pessoas como você

---

*Linus Carl Pauling, nascido em 1901 nos Estados Unidos, diplomou-se em engenharia química e ingressou no Instituto de Tecnologia da Califórnia, em Pasadena, onde iniciou uma brilhante carreira de pesquisador. Já publicou vários livros sobre sua especialidade. Considerado o maior químico do século 20, ganhou o Nobel de 1954 por estudos sobre a estrutura molecular da matéria.

Combativo pacifista, ganhou também o Nobel da Paz de 1963, quando vivia na Noruega e seu passaporte norte-americano estava suspenso pelas autoridades, por sua militância em prol do desarmamento. Fundou o Instituto Linus Pauling de Ciência e Medicina, ao qual se dedica desde 1973.

já estão vivendo mais e desfrutando de uma vida mais saudável. Você multiplicará os benefícios desse regime, tornando um hábito a recomendação mais importante da nova ciência da nutrição, que é *tomar todos os dias a quantidade complementar adequada de cada uma das vitaminas essenciais*.

Não importa qual seja sua idade, você pode conseguir um benefício significativo iniciando o regime agora. Pessoas mais idosas podem beneficiar-se de modo especial, pois apresentam uma necessidade adicional de nutrição adequada. A persistência é essencial. Felizmente, o regime impõe poucas restrições à dieta, de forma que em geral você pode aumentar a qualidade de sua vida comendo alimentos de que você gosta. E mais, você pode desfrutar de ingestão moderada de aperitivos alcoólicos e é até recomendado que o faça.

Na verdade, quanto a comer e beber, existe neste livro apenas uma restrição real: é o açúcar. Como o cigarro, a sacarose é uma novidade da civilização industrial. Juntos, eles trouxeram pandemias de câncer e doença cardiovascular para as populações dos países desenvolvidos que, de outra forma, seriam felizes. O açúcar em alimentos ingeridos no café da manhã (como o contido, algumas vezes, no cereal) é especialmente prejudicial para bebês e crianças, e a questão de um bom petisco, livre de açúcar ou dos adoçantes químicos que o substituem, ainda tem de ser solucionada. O perigo do cigarro pode ser eliminado, acabando-se com o hábito de fumar. Não se pode evitar por completo a sacarose, mas é essencial que se diminua bastante a ingestão desse açúcar.

Este livro explicou a necessidade de vitaminas complementares na nutrição humana. Na evolução dos vertebrados primitivos, foi uma grande vantagem o fato de poderem deixar para os vegetais a tarefa de sintetizar vitaminas e até uma parte dos aminoácidos. Como mostrou o novo entendimento da vida em nível molecular, a anulação genética mais recente desse tipo privou os primatas da capacidade de fabricar a própria vitamina C. Graças, em parte, à vantagem de adaptação conferida por aquela anulação, a linhagem dos primatas deu origem aos humanos. A nova ciência da nutrição agora nos instrui para tirarmos proveito da faculdade racional, que é a suprema vantagem de ajustamento da espécie humana, ou seja, a superação de qualquer desvantagem que sofremos a partir daquelas anulações genéticas. Podemos e devemos superar a desvantagem por meio de ingestões complementares de vitaminas, especialmente a vitamina C.

Neste livro, além disso, vimos que, mantendo-nos com uma ótima saúde, em particular mantendo a ingestão adequada das vitaminas, podemos resistir ao sem-número de enfermidades que atormentam os homens. A lista começa com os tormentos causados por deficiências das vitaminas, deficiências muito facilmente curadas pela recuperação das funções na bioquímica do organismo; as vitaminas nos ajudam a evitar as infecções e a fortificar nossos tecidos contra o autoataque de câncer e as doenças autoimunológicas. Com a vitamina mais bem compreendida, a vitamina C, como nosso exemplo, podemos prever um novo tipo de medicina, a medicina ortomolecular, que utiliza substâncias naturais ao corpo tanto para protegê-lo de doenças quanto para curá-lo. A medicina ortomolecular já mostrou como a vitamina C pode evitar, curar e mesmo erradicar, da experiência humana, a enfermidade mais familiar e mais desnorteante para a velha medicina: o resfriado.

No final, dei espaço neste livro para os argumentos contra sua tese, que vêm de muitos médicos e de nutricionistas ultrapassados. Tive de ceder esse espaço porque nem sempre me é dada a oportunidade de responder a eles nas publicações e em outros debates, onde fazem suas críticas. É mais provável que você tenha se inteirado apenas de seus argumentos. Nestas páginas, contudo, você ouviu ambos os lados.

Assim, você vê que terei um segundo motivo para me alegrar, em saber que você está vivendo mais e sentindo-se melhor.

Nos últimos vinte anos, passamos por uma revolução em nossas vidas, uma revolução que nos permite ter uma maior liberdade para produzir, de exercitarmos nossa criatividade e de desfrutarmos da vida.

Os animais na selva dedicam a maior parte de seu tempo e energia para obter alimento suficiente para se manterem vivos. Os homens, mulheres e crianças primitivos também tinham de dedicar a maior parte do tempo e energia caçando e juntando alimento, procurando frutas, bagas, castanhas, sementes e vegetais suculentos. Então, cerca de dez mil anos atrás, houve uma revolução, quando se descobriu a agricultura e os animais foram domesticados. Obter alimento suficiente para permanecer vivo não requeria todo o tempo e energia de um indivíduo. Algumas pessoas puderam pensar em novas formas de fazer as coisas, em novos instrumentos feitos de pedra ou metal, no movimento de corpos celestes, na linguagem e até no significado da vida. A civilização começava a se desenvolver.

Uma outra etapa veio com a revolução industrial, quando as máquinas, impulsionadas por quedas d'água e queima de carvão e outros combustíveis, liberaram ainda mais os seres humanos da pena do trabalho rotineiro.

A revolução que vem ocorrendo nas últimas décadas envolve a liberação do grande esforço que tem sido necessário para obter os alimentos apropriados, aqueles que conferem uma ótima saúde e a melhor oportunidade de levar uma vida boa e longa, tão livre quanto possível do sofrimento causado pela enfermidade. Essa revolução está ocorrendo a partir da descoberta das vitaminas e de outros nutrientes essenciais e pelo reconhecimento de que ingestões adequadas para a ótima saúde são frequentemente muito maiores do que as normalmente recomendadas, tão grandes que só podem ser obtidas com complementos nutricionais, não em qualquer dieta envolvendo alimentos comuns.

Há cinquenta anos, os médicos e professores de nutrição ultrapassados vêm pedindo que todos adotem uma dieta que é descrita como saudável. Há duas ou três décadas, pede-se que comamos uma dieta bem balanceada, com porções das quatro categorias de alimento: carne, peixe ou ave; cereais; frutas e vegetais vermelhos ou amarelos e laticínios. Pediu-se que fizéssemos esse regime dietético, gostássemos ou não de todos esses alimentos. Recentemente, grande parte do prazer da vida foi tirada da maioria de nós por recomendações adicionais feitas por essas autoridades. Dizem-nos que não deveríamos comer um bife suculento, em razão da gordura animal. Dizem-nos que não deveríamos comer ovos, em razão do colesterol que contêm; ao invés disso, pedem-nos que comamos um tipo de produto industrializado, um preparado provavelmente pouco saboroso, que é feito de ovos tratados com algum solvente químico para remover um pouco do colesterol. Dizem-nos para não comermos manteiga. Então, ir a um restaurante fino não é um prazer, mas uma fonte de preocupação e motivo de sentimento de culpa.

Por que nos fazem essas recomendações? Parte do motivo é que a boa saúde depende de um bom suprimento de vitaminas. No passado, para se obter mesmo um suprimento de vitaminas compatível com uma saúde razoável, era necessário um grande consumo de frutas, verduras e legumes. Em todas as culturas, em países que não os tropicais, alguns alimentos especiais, como o chucrute e o picles, tinham de ser comidos para nos manter vivos no inverno. Mesmo com a melhor escolha de alimentos no passado, a saúde da maioria das pessoas não foi muito boa.

A revolução que está ocorrendo agora nos libera dessa obsessão de restringir a dieta, de deixar de comer os alimentos de que gostamos. As únicas limitações que recomendo são que você coma grandes quantidades de alimento e que limite sua ingestão de açúcar (sacarose). Essa liberdade nutricional tornou-se possível em razão da disponibilidade de complementos vitamínicos e minerais.

Além disso, agora é possível tomar esses nutrientes importantes nas quantidades adequadas, muito maiores que as quantidades obtidas dos alimentos e, dessa forma, conseguir uma espécie de supersaúde, muito além da saúde possível em épocas anteriores. Podemos ser gratos aos químicos e bioquímicos orgânicos dos 140 anos passados, que solucionaram penosamente os enigmas da natureza dos compostos de carbono e da forma como interagem uns com os outros no organismo humano. Em razão de seus esforços, agora somos mais capazes de gozar a vida.

Finalmente, não posso deixar de mencionar que a maior ameaça à sua saúde e à saúde de seus filhos, netos e outros, é possivelmente a ameaça da guerra nuclear. A possibilidade real de o povo norte-americano e todos serem mortos em uma guerra nuclear entre os Estados Unidos e a União Soviética pode fazer do fato de eu sugerir formas de se viver por mais tempo e de ser mais feliz um desperdício de esforço. Entretanto, acredito que a catástrofe pode ser impedida, e que vale a pena trabalhar para melhorar a qualidade da vida. Você pode contribuir para melhorar não apenas a qualidade de sua própria vida, mas também da vida de seus companheiros seres humanos, trabalhando para a sensatez nas relações internacionais. O caminho do sucesso está na diminuição das verbas militares das grandes potências.

Não permita que as autoridades médicas ou os políticos o enganem. Descubra a verdade dos fatos e tome as próprias decisões de como viver uma vida feliz e de como trabalhar por um mundo melhor.

A CONQUISTA DA
FELICIDADE
Autor: Bertrand Russel
Formato: 14 x 21 cm
231 páginas
Companhia Editora Nacional
São Paulo
(Ver p. 134)

A conquista da felicidade

BERTRAND RUSSEL

É a felicidade ainda possível?

Até aqui, estivemos a analisar o homem infeliz; temos, agora, a tarefa mais agradável de analisar o homem feliz. Tanto a conversa como os livros de alguns de meus amigos quase me levaram à conclusão de que a felicidade, no mundo moderno, se tornou uma coisa impossível. Acho, porém, que tal opinião tende a dissipar-se mediante introspecção, viagens ao estrangeiro e a conversa de meu jardineiro. Quanto à infelicidade de meus amigos literatos, já tratei disso em capítulo anterior; neste capítulo, desejo passar em revista as pessoas felizes com que deparei no decurso de minha existência.

Há duas espécies de felicidade, embora, naturalmente, haja graus intermediários. As duas espécies a que me refiro poderiam ser distinguidas como felicidade natural e felicidade concebida — animal ou espiritual, do coração e do intelecto. A designação a ser escolhida entre essas alternativas depende, naturalmente, da tese que se deseje provar. Não estou, no momento, interessado em provar tese alguma, mas simplesmente em descrever. Talvez a maneira mais simples de descrever-se a diferença entre essas duas espécies de felicidade seja dizer que uma delas está ao alcance de todas as crianças humanas, enquanto a outra se encontra apenas ao alcance daqueles que sabem ler e escrever. Quando eu era menino, conheci um homem que mal cabia em si de felicidade, e cujo trabalho consistia em escavar poços. Era um homem de estatura enorme e de incrível musculatura. Não sabia ler nem escrever, e quando, no ano de 1885, recebeu um voto para o Parlamento, ficou sabendo, pela primeira vez, da existência de tal situação. Sua felicidade não dependia de fontes intelectuais; não era baseada na crença quanto às leis naturais nem na perfectibilidade das espécies, nem na propriedade comum das utilidades públicas, nem na vitória final dos Adventistas do Sétimo Dia, nem em qualquer um dos outros credos que os intelectuais consideram necessários para que possam gozar a vida. Era baseada em vigor físico, suficiência para o trabalho e o triunfo sobre obstáculos não insuperáveis, em forma de rochas. A felicidade de meu jardineiro é dessa mesma espécie; empenha-se ele em guerra perene contra os coelhos, aos quais se refere exatamente como a Scotland Yard se refere aos bolchevistas. Considera-os animais sombrios, insidiosos e ferozes — e é de opinião que somente podem ser enfrentados mediante astúcia idêntica à que manifestam. Como os heróis de Valhalla, que passavam todos os dias a caçar um certo javali selvagem que matavam todas as noites, mas que, miraculosamente, voltava de novo à vida na manhã seguinte, meu jardineiro pôde matar cada dia o seu inimigo sem receio de que o inimigo desapareça no dia seguinte. Embora tenha bem mais de setenta anos, trabalha o dia todo e percorre, de bicicleta, dezesseis milhas de terreno acidentado, ao ir e voltar do trabalho. Sua fonte de alegria, porém, é inexaurível — e são os coelhos que a proporcionam.

Mas, dirá você, essas delícias singelas não estão ao alcance de criaturas superiores, como nós. Que alegria poderíamos experimentar em empenhar-nos em guerra com animaizinhos insignificantes, como os coelhos? O argumento, a meu ver, é fraco. Um coelho é muito maior do que os bacilos da febre amarela, e, no entanto, uma pessoa superior pode encontrar felicidade em empenhar-se em luta contra esses últimos. Prazeres exatamente semelhantes aos de meu jardineiro, quanto ao que diz respeito ao seu conteúdo emocional, estão ao alcance da maior parte das pessoas de cultura superior. A diferença produzida pela educação referese apenas às atividades pelas quais tais prazeres podem ser conseguidos. Os prazeres da realização apresentam tais dificuldades que o êxito parece, de antemão, duvidoso, embora, em geral, seja no fim conseguido. Eis aí, talvez, a principal razão por que um cálculo não muito excessivo de nossas próprias capacidades constitui uma fonte de felicidade. O homem que subestima suas possibilidades é constantemente surpreendido pelo êxito, enquanto o homem que tem de si uma opinião excessivamente elevada é surpreendido, com idêntica frequência, pelo fracasso. A primeira dessas formas de surpresa é agradável; a última, desagradável. É sensato, pois, não se ser indevidamente convencidos, conquanto não se deva ser, também, demasiado modesto, a ponto de se deixar de agir.

Entre os indivíduos pertencentes aos grupos mais cultos da comunidade, os mais felizes, hoje em dia, são os cientistas. Muitos, dentre os mais eminentes deles, são emocionalmente simples, obtendo de seu trabalho uma satisfação tão profunda que conseguem ter prazer em comer e até mesmo em casar. Artistas e literatos consideram *de rigueur* ser infelizes em seu casamento, mas os cientistas, com bastante frequência, continuam capazes de desfrutar uma bem-aventurança doméstica já fora de moda. A razão disso é achar-se a parte mais elevada de suas inteligências inteiramente absorvida pelo trabalho, e não permitirem eles que essa parte se intrometa em regiões onde não têm função alguma a executar. São felizes em seu trabalho, porque, no mundo moderno, a ciência é progressiva e poderosa, e porque nem eles próprios nem os leigos duvidam da sua importância. Não têm, portanto, necessidade de emoções complexas, pois que as suas emoções mais simples não encontram obstáculos. A complexidade, nas emoções, é como a espuma num rio. É produzida por obstáculos que quebram o fluxo suave da corrente. Mas, enquanto as energias vitais se acham desimpedidas, não produzem ondulação alguma na superfície, e a sua força não se torna evidente aos poucos observadores.

Todas as condições de felicidade se verificam na vida de um homem de ciência. Dedica-se ele a uma atividade que utiliza inteiramente as suas habilidades, conseguindo resultados que parecem importantes não apenas a si próprio, mas também ao público em geral, mesmo quando este não consegue, de modo algum, compreendê-los. Nisso é mais afortunado do que o artista. Quando o público não pode compreender um quadro ou um poema, conclui que se trata de um mau quadro ou de um mau poema. Quando não consegue entender a teoria da relatividade, conclui (acertadamente) que sua cultura é insuficiente. Por conseguinte, Einstein é alvo de honrarias, enquanto os melhores pintores passam fome em águas-furtadas — e Einstein é feliz, enquanto os pintores são infelizes. Poucos homens podem ser verdadeiramente felizes numa vida que envolva uma autoafirmação contínua contra o ceticismo da humanidade, a menos que se encerrem numa *coterie* e esqueçam o gélido mundo exterior. O cientista não tem necessidade de *coterie*, pois que é acatado por toda a gente, com exceção de seus colegas. O artista, pelo contrário, encontra-se na penosa situação de ter de escolher entre ser desprezado ou desprezível. Se seus poderes são de primeira ordem, incorrerá, certamente, num ou noutro desses infortúnios — o primeiro, se usar de seus poderes, o último, se não os usar. Nem sempre foi assim em toda parte. Houve épocas em que mesmo os bons artistas, mesmo quando eram jovens, gozavam de apreço. Júlio II, embora pudesse tratar mal a Miguelângelo, jamais o supôs incapaz de pintar os seus quadros. O milionário moderno, embora possa distribuir ouro a mancheias entre artistas idosos que já perderam seu poder de criação, jamais imagina que o trabalho desses artistas é tão importante quanto o seu. Talvez que essas circunstâncias tenham algo que ver com o fato de os artistas serem, em média, menos felizes do que os cientistas.

Deve-se admitir, creio eu, que as pessoas mais inteligentes, nos países ocidentais, tendem a sentir aquela espécie de infelicidade que advém do fato de não encontrarem emprego adequado para os seus melhores talentos. Isso, porém, não se dá nos países orientais. O jovem inteligente, em nossos dias, é provavelmente mais feliz na Rússia do que em qualquer outra parte do mundo. Tem ele lá um novo mundo para criar, além de uma fé ardente quanto à maneira de criá-lo. Os velhos foram executados, morreram de fome, foram exilados ou desapareceram de qualquer outra maneira, de modo que não podem, como ocorre nos países ocidentais, obrigar os jovens a escolher entre fazer o mal ou não fazer nada. Para o ocidental sofisticado, a fé do jovem russo poderá parecer grosseira, mas, afinal de contas, que é que se pode dizer contra ela? Ele *está* criando um mundo novo, gosta desse mundo novo; e esse mundo novo, depois de criado, tornará o russo, em geral, mais feliz do que antes da Revolução. Talvez não seja um mundo em que o intelectual ocidental sofisticado não precisará viver nele. Segundo qualquer teste pragmático, portanto, a fé da jovem Rússia é justificada, e condená-la como grosseira é coisa que não pode ter justificação, exceto numa base teórica.

Na Índia, na China, no Japão circunstâncias externas de caráter político interferem com a felicidade da jovem *intelligentsia*, mas não há obstáculos internos como os que existem no Ocidente. Há atividades que parecem importantes aos jovens e, enquanto tais atividades forem bem-sucedidas, os jovens serão felizes. Sentem eles que têm papel importante a representar na vida nacional, além de objetivos que, conquanto difíceis, não são impossíveis de ser realizados. O ciclismo, tal como pode ser encontrado, com bastante frequência, entre os rapazes e as moças mais bem educados no Ocidente, resulta de combinação de conforto e impotência. A impossibilidade de realizar as coisas faz que os indivíduos sintam que nada vale a pena e o conforto faz que o que há de doloroso nesse sentimento seja apenas suportável. Em todo o Oriente, o estudante universitário pode esperar exercer mais influência sobre a opinião pública do que o estudante do moderno Ocidente, mas tem muito menos oportunidade do que no Oriente de assegurar uma renda substancial. Como não se sente nem impotente nem dispõe de conforto, pode tornar-se um reformador ou um revolucionário, mas não um cínico. A felicidade do reformador ou do revolucionário depende da marcha dos assuntos públicos, mas é possível que, mesmo quando está sendo executado, desfrute de uma felicidade mais real do que a que é possível a um cínico que vive confortavelmente. Lembro-me de um jovem chinês que visitou minha escola e que voltava à pátria a fim de fundar, numa região reacionária da China, uma escola semelhante. Ele esperava que o resultado disso fosse a sua decapitação. Não obstante, desfrutava de uma felicidade tranquila, que não me era possível invejar.

Não desejo sugerir, porém, que essas elevadas espécies de felicidade sejam as únicas possíveis. Acham-se, com efeito, apenas ao alcance de uma pequena minoria, já que requerem uma espécie de habilidade e uma largueza de interesses que não são muito comuns. Não são somente os cientistas eminentes que podem sentir prazer com o seu trabalho nem apenas os principais estadistas os que podem sentir satisfação em defender uma causa. O prazer do trabalho está ao alcance de todos os que podem desenvolver alguma habilidade especializada, contanto que possam sentir satisfação com o exercício de sua habilidade sem exigir reconhecimento geral. Conheci um homem que perdeu o uso de ambas as pernas quando era ainda adolescente, mas que permaneceu seriamente feliz durante toda uma longa existência. Conseguiu isso escrevendo uma obra em cinco volumes sobre as doenças que atacam as roseiras, setor em que sempre o considerei como um grande mestre. Não tive o prazer de conhecer grande número de conquiliologistas, mas, a julgar por aqueles que conheci, sempre me pareceu que o estudo das conchas produz satisfação àqueles que a ele se dedicam. Conheci um homem que era o melhor compositor gráfico do mundo e que era procurado por todos os que se dedicavam a inventar tipos artísticos. Seu prazer provinha não tanto do verdadeiro respeito que lhe dedicavam pessoas que não concediam tal respeito levianamente, mas da verdadeira delícia que lhe proporcionava o exercício de sua profissão, uma delícia não muito diferente da que sentem com a dança os bons bailarinos. Conheci igualmente compositores que se especializaram na composição de tipos matemáticos, ou escritos nestorianos, ou cuneiformes, ou qualquer outra coisa incomum e difícil. Não descobri se a vida privada desses homens era feliz, mas, nas suas horas de trabalho, o instinto construtivo de tais criaturas era inteiramente satisfeito.

Costuma-se dizer que, na idade da máquina em que vivemos, há menos oportunidade do que antigamente para a alegria do artífice na execução do trabalho especializado. Não estou inteiramente convencido de que isso seja verdade; o operário especializado, hoje em dia, trabalha, é verdade, em coisas inteiramente diferentes daquelas que lhe ocupavam a atenção na época das guildas medievais, mas continua ainda a ser um elemento importantíssimo e essencial na economia da máquina. Há os que fazem instrumentos científicos e aparelhos delicados; há desenhistas, mecânicos de aviação, motoristas e multidões de outros indivíduos dotados de uma profissão na qual a habilidade pode ser desenvolvida de maneira quase ilimitada. O trabalhador agrícola e o camponês, nas comunidades relativamente primitivas, não são, tanto quanto me foi dado observar, tão felizes como um chofer ou um maquinista de estrada de ferro. É verdade que o trabalho do camponês que cultiva a sua própria terra é mais variado: ele ara, semeia, colhe. Mas ele se acha à mercê dos elementos e tem bastante consciência dessa dependência, enquanto o homem que trabalha com um mecanismo moderno tem consciência de seu poder, adquirindo a impressão de que o homem é o amo e o escravo das forças naturais. É verdade, naturalmente, que o trabalho é muito desinteressante para uma grande parte dos que cuidam meramente das máquinas, repetindo incessantemente, sem a mínima variação, alguma operação mecânica, mas, quanto mais desinteressante o trabalho se torna, tanto mais possível fazer-se que seja executado por uma máquina. O objetivo final da produção por meio da máquina — do qual, é certo, estamos ainda muito distantes — é um sistema no qual todas as tarefas desinteressantes sejam feitas pela máquina, ficando as criaturas humanas reservadas para o trabalho que encerre variedade e iniciativa. Num tal mundo, o trabalho será menos enfadonho e deprimente do que tem sido desde o advento da agricultura. Ao dedicar-se à agricultura, a humanidade resolveu submeter-se antes à monotonia e ao tédio, diminuindo o risco de morrer de fome. Quando os homens obtinham seus alimentos por meio da caça, o trabalho era uma alegria, o que se pode ainda ver pelo fato de os ricos se entregarem, por divertimento, a essas ocupações ancestrais. Mas, com o advento da agricultura, a humanidade penetrou num longo período de mesquinhez, sofrimento e loucura, do qual somente agora está se livrando mediante a operação benéfica da máquina. Está muito bem que os sentimentalistas falem de contato com o solo e da madura filosofia dos camponeses de Hardy, mas o único desejo de cada jovem no campo é encontrar trabalho na cidade, onde possa escapar da escravidão do vento e do tempo e da solidão das sombrias noites de inverno para a atmosfera confiante e humana da fábrica e do cinema. A camaradagem e a cooperação são elementos essenciais para a felicidade do homem médio — e isso é uma coisa que se pode obter mais amplamente na indústria do que na agricultura.

A crença numa causa é uma fonte de felicidade para um grande número de indivíduos. Não estou pensando apenas em revolucionários, socialistas, nacionalistas que vivem em países oprimidos e outros que tais; estou pensando também em outras formas mais humildes de crença. Os que achavam, entre os homens que conheci, que os ingleses pertenciam às dez tribos perdidas, eram quase todos invariavelmente felizes; quanto aos que acreditavam que os ingleses eram as únicas tribos de Efraim e Manassés, sua bem-aventurança não conhecia limites. Não estou sugerindo que o leitor deva adotar esse credo, já que não posso advogar qualquer felicidade baseada no que pareça ser qualquer crença falsa. Por essa mesma razão, não posso instar com o leitor para que acredite que os homens deviam viver exclusivamente de nozes, embora, quanto ao que diz respeito às minhas observações, uma tal crença assegure, invariavelmente, perfeita felicidade. Mas é fácil encontrar alguma causa que não seja de modo algum fantástica, e aqueles que sintam verdadeiro interesse por uma tal causa têm nela uma ocupação para as suas horas de lazer e um completo antídoto para a ideia de que a vida seja vazia.

Não muito afastada da dedicação a qualquer causa obscura, está a absorção por um passatempo. Um dos mais eminentes dentre os matemáticos vivos divide igualmente o seu tempo entre a matemática e a filatelia. Suponho que essa última lhe proporcione consolação, quando não lhe é possível fazer progressos na primeira. A dificuldade em se provar proposições na teoria dos números não constitui a única tristeza que uma coleção de selos pode curar, nem são os selos as únicas coisas que podem ser colecionadas. Consideremos o vasto campo de encantamento que se abre à imaginação quando pensamos em porcelanas antigas, caixas de rapé, moedas romanas, pontas de flecha e objetos de sílex. É verdade que muitos dentre nós são demasiado "superiores" para prazeres assim tão simples. Nós todos experimentamos tais prazeres na meninice, mas, depois, passamos a considerá-los, por alguma razão, indignos de um homem adulto. Isso é um completo engano; qualquer prazer que não cause dano a outrem deve ser por nós apreciado. Quanto a mim, coleciono rios: sinto prazer por haver descido o Volga e o Yang-Tsé, e lamento muitíssimo não ter visto jamais o Amazonas e o Orenoco. Por mais simples que essas emoções sejam, não me envergonho delas. Ou, então, consideremos a alegria apaixonada do adepto do *baseball*; volta-se, avidamente, para o seu jornal, e o rádio lhe proporciona as mais vivas emoções. Lembro-me do meu primeiro encontro com um dos principais homens de letras dos Estados Unidos, um homem que eu imaginara, pela leitura de seus livros, cheio de melancolia. Mas aconteceu que, naquele momento, os mais decisivos resultados do *baseball* estavam sendo transmitidos pelo rádio. Ele esqueceu-se de mim, da literatura e de todas as outras tristezas da vida sublunar e berrou de alegria, ao saber que os seus favoritos haviam conseguido a vitória. Desde esse incidente, tenho podido ler os seus livros sem me sentir deprimido pelos infortúnios de seus personagens.

As manias e os passatempos não são, todavia, em muitos casos, uma fonte de felicidade fundamental, mas um meio de se fugir à realidade, de se esquecer, por um momento, algum sofrimento demasiado difícil de ser enfrentado. A felicidade fundamental depende, mais do que qualquer outra coisa, do que se poderia chamar de interesse cordial pelas pessoas e pelas coisas.

O interesse cordial pelas pessoas é uma forma de emoção afetiva, mas não uma forma envolvente e possessiva, em busca sempre de uma resposta enfática. Essa última forma é, muito frequentemente, uma fonte de infelicidade. A espécie que contribui para a felicidade é aquela que nos faz gostar de apreciar as pessoas e encontrar prazer em seus característicos pessoais, que deseja fornecer um motivo para o interesse e o prazer daqueles com quem entramos em contato, sem que desejemos adquirir poder sobre eles ou assegurar a sua admiração entusiástica. O indivíduo cuja atitude para com os outros seja, verdadeiramente, dessa espécie, será uma fonte de felicidade, sendo, por sua vez, alvo da bondade dos outros. Suas relações com os demais, sejam elas ligeiras ou profundas, satisfarão tanto aos seus interesses como aos seus afetos; não se sentirá amargurado diante da ingratidão, já que raramente se deparará com ela, e não tomará conhecimento dela, se surgir em seu caminho. As mesmas idiossincrasias que agiriam sobre os nervos de outrem até a exasperação serão, para ele, uma fonte de calmo divertimento. Sendo ele próprio feliz, será companheiro agradável, e isso, por sua vez, lhe aumentará ainda a felicidade. Mas tudo isso tem de ser uma coisa genuína; não deve nascer de uma ideia de autossacrifício inspirada por um sentimento de dever. O sentimento do dever é útil no trabalho, mas ofensivo nas relações pessoais. As pessoas desejam ser apreciadas e não suportadas com paciente resignação. Gostar-se espontaneamente e sem esforço de muitas pessoas constitui, talvez, a maior de todas as fontes de felicidade pessoal.

Falei, também no parágrafo anterior, do que chamei de interesse cordial pelas coisas. Essa frase talvez possa parecer forçada; poder-se-á dizer que é impossível haver de nossa parte um sentimento cordial para com as coisas. Não obstante, há algo análogo à amizade na espécie de interesse que um geólogo sente pelas rochas, ou que um arqueólogo sente pelas ruínas, e este interesse deve ser um dos elementos em nossa atitude para com os indivíduos ou as sociedades. É possível sentir-se interesse por coisas mais hostis do que agradáveis. Um homem poderá colecionar fatos referentes ao *habitat* das aranhas — e isso justamente por odiar as aranhas e querer viver num lugar em que elas sejam poucas. Esta espécie de interesse não nos proporcionaria a mesma satisfação que o geólogo sente diante de suas rochas. O interesse pelas coisas impessoais, embora, talvez, menos valioso como ingrediente na felicidade cotidiana do que uma atitude cordial para com os nossos semelhantes, é, não obstante, muito importante. O mundo é vasto e os nossos poderes individuais muito limitados. Se toda a nossa felicidade está inteiramente ligada às nossas circunstâncias pessoais, é difícil não se exigir da vida mais do que aquilo que ela nos pode dar. E exigir-se muito é a maneira mais certa de se conseguir ainda menos do que é possível. O homem que consegue esquecer as suas preocupações mediante um interesse verdadeiro, digamos, pelo Concílio de Trento, ou pela história da vida das estrelas, verificará, ao voltar dessa sua excursão pelo mundo impessoal, que adquiriu uma segurança e uma calma que lhe permitirão enfrentar as suas preocupações da melhor maneira e terá, entrementes, experimentado uma felicidade genuína, embora passageira.

O segredo da felicidade consiste nisto: fazer com que os nossos interesses sejam os mais amplos possíveis, procurando-se fazer que as nossas reações, ante as coisas e as pessoas que nos interessam, sejam, tanto quanto possível, mais cordiais do que hostis.

Esse exame preliminar das possibilidades da felicidade será alongado nos capítulos subsequentes, juntamente com as sugestões quanto às maneiras de se evitar as fontes psicológicas de sofrimento.

O homem feliz

A felicidade, como é evidente, depende, em parte, de circunstâncias exteriores e, em parte, de nós mesmos. Examinamos, neste volume, a parte que depende de nós próprios, tendo chegado à conclusão de que, quanto ao que se diz a respeito a essa parte, a receita para felicidade é muito simples. Muita gente pensa — e, entre tais pessoas, creio que poderemos incluir mr. Krutch, a quem nos referimos em capítulo anterior — que a felicidade é impossível sem que haja uma crença de natureza mais ou menos religiosa. Muita gente infeliz julga que suas tristezas provêm de fontes complicadas e altamente intelectualizadas. Não creio que tais coisas sejam causas verdadeiras de felicidade ou de infelicidade; penso que são apenas sintomas. O homem que é infeliz adotará, regra geral, um credo infeliz, ao passo que o homem feliz adotará um credo feliz. Cada um deles poderá atribuir sua felicidade ou infelicidade às suas crenças, enquanto a causa real é completamente oposta. Certas coisas são indispensáveis à felicidade da maioria dos homens, mas estas são coisas simples: alimento e abrigo, saúde, amor, trabalho bem-sucedido e respeito por parte daqueles em meio dos quais vivem. Para certas pessoas a paternidade é também essencial. Quando não existem tais coisas, somente o homem excepcional poderá conseguir a felicidade, mas quando tais coisas podem ser desfrutadas ou obtidas mediante esforço bem orientado, aquele que ainda continua a sentir-se infeliz está sofrendo de algum desajustamento psicológico que, se for muito grave, poderá exigir os serviços de um psiquiatra, mas que, nos casos comuns, pode ser curado pelo próprio paciente, contanto que ele enfrente o problema de maneira adequada. Nos casos em que as circunstâncias exteriores não forem definitivamente infortunadas, o homem deveria poder conseguir a felicidade, contanto que as suas paixões e interesses fossem dirigidos para fora de si e não para o seu íntimo. Deveria procurar-se, pois, tanto na educação como nas tentativas de nos ajustarmos ao mundo, ter por objetivo evitar as paixões que girem em torno de nós próprios, adquirindo-se afetos e interesses que impeçam que os nossos pensamentos se voltem constantemente para nós mesmos. Não é da natureza do homem sentir-se feliz numa prisão, e as paixões que encerramos em nós constituem uma das piores espécies de prisão. Entre tais paixões, as mais comuns são o medo, a inveja, o sentimento de pecado, a piedade e a admiração por si mesmo. Em todas elas, os nossos desejos estão centralizados em nós próprios: não há verdadeiro interesse pelo mundo exterior, mas apenas o receio de que ele possa, de algum modo, deixar de alimentar o nosso eu. O medo constitui a razão principal pela qual os homens se mostram tão relutantes em admitir os fatos e tão ansiosos por envolver-se nas vestes agasalhadoras do mito. Mas os espinhos dilaceram essas vestes confortáveis, e frias rajadas penetram através dos rasgões, fazendo aquele que se acostumou com o seu calor sofrer muito mais essas rajadas do que o homem que se habilitou a enfrentá-las desde o começo. Ademais, aqueles que enganam a si próprios sabem, em geral, em seu íntimo, que estão agindo dessa maneira e vivem num estado de apreensão, temerosos de que algum acontecimento exterior possa forçá-los a aceitar uma realidade que não desejam admitir.

Uma das grandes desvantagens das paixões egoístas é proporcionarem pouquíssima variedade à vida. O homem que ama somente a si próprio não pode, é verdade, ser acusado de promiscuidade em seus afetos, mas está destinado, no fim, a sofrer intolerável tédio, em razão da invariável mesmice do objeto da sua dedicação. O homem que sofre de um sentimento de pecado está sofrendo de uma certa espécie de egoísmo. Em todo este vazio universo, a coisa que lhe parece mais importante é o fato de que ele próprio deveria ser virtuoso. Constitui grave defeito, em certas formas de religião tradicional, o encorajamento dessa espécie de introversão.

O homem feliz é aquele que vive objetivamente, que tem afetos livres e interesses amplos, aquele que assegura a sua felicidade mediante tais interesses e afetos, bem como mediante o fato de que estes, por sua vez, o tornam objeto do interesse e do afeto de outras criaturas. Ser-se alvo de afeto é uma causa poderosa de felicidade, mas o homem que exige afeto não é aquele a quem ele é concedido. O homem que recebe afeto é, falando-se de modo geral, o homem que o concede. Mas é inútil que tentemos concedê-lo calculadamente, da maneira pela qual se poderia emprestar dinheiro a juros, pois um afeto calculado não é genuíno, sendo considerado como tal por aquele que o recebe.

Que poderá então fazer o homem infeliz, se estiver encarcerado em si mesmo? Enquanto continuar a pensar nas causas da sua infelicidade, continuará a viver voltado para si mesmo, não conseguindo sair desse círculo vicioso. Só poderá libertar-se dele mediante interesses verdadeiros, e não mediante interesses simulados, adotados simplesmente como um remédio. Embora a dificuldade, aqui, seja real, poderá fazer, não obstante, muita coisa, se tiver diagnosticado acertadamente o seu mal. Se, por exemplo, as suas dificuldades forem devidas a um sentimento de pecado, consciente ou inconsciente, poderá, antes de mais nada, persuadir o seu consciente de que não há razão para que se sinta pecador, procurando, depois, por meio da técnica a que já nos referimos em capítulos anteriores, implantar essa convicção racional em seu subconsciente, entregando-se, entrementes, a alguma atividade mais ou menos neutra. Se conseguir dissipar o sentimento de pecado, é provável que um interesse genuinamente objetivo surja espontaneamente. Se o seu problema consiste em sentir piedade por si mesmo, poderá enfrentá-lo da mesma maneira, após persuadir-se de que não existe nada de verdadeiramente infortunado em sua situação. Se o seu problema for o do medo, deverá praticar exercícios destinados a despertar a coragem. A coragem na guerra tem sido reconhecida, desde tempos imemoriais, como uma virtude importante, sendo que uma grande parte do adestramento de meninos e jovens tem tido por objetivo produzir um tipo de caráter capaz de destemor na batalha. Mas a coragem moral e a coragem intelectual têm sido muito menos estudadas, embora também elas tenham a sua técnica. Admita perante você mesmo, todos os dias, pelo menos uma verdade penosa; verá que isso é tão útil como a boa ação diária praticada pelos escoteiros. Aprenda a sentir que a vida ainda seria digna de ser vivida mesmo que você não fosse, como certamente é, infinitamente superior, em virtude e em inteligência, a todos os seus amigos. Exercícios como esses, realizados durante muitos anos, acabarão, finalmente, por permitir que você admita os fatos sem hesitar, fazendo que você, ao agir dessa maneira, se liberte do domínio do medo num campo bastante amplo.

Quais deverão ser os interesses objetivos que hão de surgir, quando você já houver dominado a doença da autoabsorção, é coisa que deverá ficar entregue ao funcionamento espontâneo da sua própria natureza e das circunstâncias exteriores. Não diga de antemão a si mesmo: "Eu seria feliz, se pudesse achar interessante uma coleção de selos", pondo-se, a seguir, a colecionar selos, pois poderá acontecer que você não consiga achar absolutamente nada de interessante numa coleção de selos. Somente aquilo que o interessar verdadeiramente poderá ser-lhe útil, mas você poderá estar bastante certo de que os interesses objetivos e verdadeiros surgirão, logo que você haja aprendido a não viver mergulhado em si próprio.

A vida feliz deverá ser, em grande parte, o mesmo que uma vida boa, satisfatória. Os moralistas profissionais têm exaltado demais o espírito de sacrifício, colocando excessiva ênfase em coisas que não merecem realce. O espírito de sacrifício consciente deixa o homem por demais absorvido em si próprio, tendo uma percepção demasiado viva daquilo que sacrificou; em consequência disso, falha, com frequência, em seu objetivo imediato, bem como, quase sempre, no que constitui a sua derradeira finalidade. Aquilo de que se precisa não é espírito de sacrifício, mas essa espécie de orientação de interesse pelas coisas exteriores, a qual conduzirá, espontânea e naturalmente, aos mesmos atos que uma pessoa absorvida pela procura de sua própria virtude só poderia realizar mediante espírito de sacrifício consciente. Escrevi neste livro como um hedonista, isto é, como uma criatura que considera a felicidade como sendo o único bem, mas os atos que se recomendam, do ponto de vista do hedonista, são, de modo geral, os mesmos recomendados pelo moralista sensato. O moralista, porém, tem demasiada tendência — embora isto não constitua, por certo, uma verdade geral — para dar mais importância ao ato do que ao estado de espírito. Os efeitos de um ato sobre o agente serão os mais diversos possíveis, segundo o seu estado de espírito no momento. Se um indivíduo vê uma criança que está se afogando e a salva, em consequência de um impulso direto de socorrê-la, não sai da água, de modo algum, pior, moralmente, do que era. Mas se tal indivíduo, em vez disso, disser a si mesmo: "Faz parte da virtude socorrer-se os desamparados — e eu desejo ser um homem virtuoso. Por isso, devo salvar esta criança", esse indivíduo será ainda pior, depois de seu ato, do que o era antes. O que se aplica a esse caso extremo também se aplica a muitos outros exemplos.

Há ainda uma outra diferença, um tanto mais sutil, entre a atitude para com a vida que venho recomendando e aquela que é preconizada pelos moralistas tradicionais. O moralista tradicional, por exemplo, dirá que o amor deveria ser destituído de egoísmo. Num certo sentido, ele tem razão, isto é, o amor não deveria ser egoísta além de determinado ponto, mas deveria ser, indubitavelmente, de tal natureza que a própria felicidade do indivíduo estivesse concentrada no êxito de seu amor. Se um homem propusesse casamento a uma senhora baseando a sua proposta no fato de desejar ardentemente a felicidade dela, dizendo-lhe, ao mesmo tempo, que isso lhe proporcionaria uma oportunidade ideal para sacrificar-se por ela, penso que seria duvidoso que ela se sentisse inteiramente satisfeita. Devemos, sem dúvida, desejar a felicidade daqueles a quem amamos, mas não como uma alternativa à nossa própria felicidade. Com efeito, toda a antítese existente entre o ser e o resto do mundo, a qual se acha implícita na doutrina do espírito de sacrifício, desaparece tão logo tenhamos interesse verdadeiro por pessoas ou coisas que nos cerquem. Por intermédio de tais interesses, o homem chega a sentir-se parte do fluxo da vida, e não uma entidade isolada e insensível como uma bola de bilhar, a qual não pode ter qualquer relação com outras entidades semelhantes, exceto mediante colisão. Toda infelicidade depende de certa espécie de desintegração ou falta de integração. Há desintegração, no íntimo do ser, em razão da falta de integração entre o ser e a sociedade, quando as duas partes não se acham estreitamente unidas pela força de interesses e afetos objetivos. O homem feliz é o homem que não sofre de nenhuma dessas falhas quanto à unidade — o homem cuja personalidade não está nem dividida contra si mesmo nem voltada contra o mundo. Tal homem se sente cidadão do universo, desfrutando livremente do espetáculo que o mundo oferece e das alegrias que este proporciona, indiferente à ideia da morte, pois que não se sente, realmente, separado daqueles que virão dele. É nessa união profunda e instintiva com o fluxo da vida que se pode encontrar a maior alegria.

SABEDORIA &
FELICIDADE
Autor: José da Silva
Martins
Formato: 16 x 23 cm
526 páginas
Editora Martin Claret
1994
São Paulo
(Ver p. 135)

Alegria e felicidade

JOSÉ DA SILVA MARTINS

Deus nos criou para a alegria e felicidade. Somos tristes e infelizes quando agimos incorretamente. O homem mais feliz é aquele que melhor conhece o caminho que o leva à alegria e à felicidade.

Tudo o que nos rodeia torna-se anjo ou demônio segundo o estado de nossa alma. Joana D'Arc ouve os anjos, Macbeth, as feiticeiras.

É certo que se aprende a ser feliz e nada se ensina tão facilmente como a felicidade. Se viveis como pessoas que abençoam a vida, vós não tardareis a abençoar tudo o que vos cerca. O sorriso e a alegria são tão contagiosos como as lágrimas e a tristeza. As épocas mais felizes e alegres foram aquelas em que os homens viviam venturosamente, sem inquietações, em que os menos afortunados olhavam sem inveja os mais afortunados, em que estes procuravam ajudar aqueles. Não é a felicidade que nos falta; falta-nos a ciência da felicidade. Ser feliz é ter ultrapassado a inquietude e a angústia, transformando-as em felicidade.

Seria necessário que, de tempos em tempos, alguém chegasse a nós e dissesse: "Eu sou feliz. Tenho saúde, juventude de espírito, gênio, poder e amor. Tenho tudo o que possa fazer feliz um homem, não pelos dons que o destino me outorgou, mas em razão de todos esses dons dimanarem da minha vida interior, criados por mim mesmo, da minha própria substância — filhos da minha vontade poderosa e indomável".

Ora, quem essas linhas escreve pode se dizer feliz porque soube conquistar a felicidade e, se para muitos a vida é um inferno, transformei-a eu num paraíso, e todo mundo pode conquistar o mesmo paraíso se acender no seu espírito a chama da alegria, da felicidade, do triunfo.

Se encontrei nas minhas labutas diárias tantas vitórias, tanto amor e felicidade, esses dons não chegaram por acaso ao meu espírito, mas são sementes lançadas e cultivadas com fé e denodo até a sua maturação. Reconheço ser hoje mais feliz do que ontem, e que com o meu esforço e amparo de Deus bati ao pórtico do reino da felicidade, em cujo recinto encontrei a alegria de viver.

Reflitamos no que diz Carlyle: "Nos olhos e semblantes de alguns homens vi relâmpagos irradiando reflexos de regiões mais altas. E a realidade é que essa luz existe em todos os homens e que os levaria todos a uma esfera mais alta e superior, se soubessem descobri-la".

Haverá verdadeiramente na felicidade tanta felicidade quanto se diz?, perguntava um dia, a dois amorosos, um filósofo, que uma amarga injustiça mergulhara numa longa tristeza. Não, a felicidade é inviável para aqueles que a não conheceram ou não souberam conquistá-la. A felicidade permanente é tão austera como uma nobre tristeza. Os pensadores que conheceram a felicidade aprenderam a amar a sabedoria mais intimamente que aqueles que são infelizes. Há uma grande diferença entre a sabedoria que se cria na tristeza e pessimismo e aquela que se desenvolve na alegria e na felicidade. A primeira consola falando da alegria e da felicidade, mas a segunda não fala senão dela mesma. Ao fim da sabedoria do infeliz, não há senão a esperança da felicidade; ao fim de um homem feliz não há senão a sabedoria e felicidade. Se o fim da sabedoria é encontrar a felicidade, não é senão à força de ser feliz que se acaba de encontrar a sabedoria.

Contemplamos essa grande mulher, Helen Keller, que do fundo das suas trevas do corpo, mas com fulgurante luz do espírito, nos diz: "o otimismo é a fé em ação. Nada se pode levar a efeito sem o otimismo". Sem nunca conhecer a luz do dia, soube essa grande americana conquistar a alegria de viver.

Massilton, o grande orador sacro francês, que deixou o seu gênio em *Oraisons funèbres,* entre as quais a oração fúnebre a Luís XIV, nos ensina a ser feliz neste lúcido pensamento: "Se pensássemos, cada um de nós, por um momento, que a nossa felicidade é obra de nós mesmos, terminaríamos com a miséria do mundo".

Importa, como nos afirma Finot, que a fé e o ideal hão de ser sempre as mais poderosas alavancas do progresso e da felicidade.

Saibamos acolher com alegria e determinação todas as ocasiões que nos proporciona a felicidade, sem desejar conhecer a sua identidade, porque esta está na própria felicidade. Coelho Neto, o grande escritor maranhense, autor de *Rei fantasma* e *O sertão,* afirma-nos: "Não perguntes à felicidade quem ela é nem de onde vem, abre-lhe a porta para que ela entre e fecha-a, bem aferrolhada, para que não fuja".

Schopenhauer, o eminente filósofo alemão, autor de *O mundo como vontade e representação,* e cuja filosofia tanto influenciou no pessimismo de Nietzsche, tem um pensamento semelhante ao de Coelho Neto, quando escreve: "Toda vez que a alegria se apresente devemos abrir-lhe a porta, pois ela nunca é inoportuna".

O grande Pascal nos diz que nada mais doce, nada mais reconfortante para alimentar a alegria do nosso coração do que fazer o bem: "O prazer dos grandes homens consiste em poder tornar os outros mais felizes".

Da Índia e da velha Ásia nos provém quase tudo o que sabemos sobre a ciência da alma. Eis um pensamento hindu sobre a felicidade: "Trabalha como trabalham os que são ambiciosos. Respeita a vida como fazem os que a amam. Sê feliz como aqueles que desejam a felicidade". E ainda um provérbio hindu: "O bem que fazemos na véspera fará a tua felicidade no dia seguinte".

Júlio Dantas, o fino e inspirado escritor e poeta, autor da *Ceia dos cardeais,* obra traduzida em vários idiomas e representada nos principais palcos do mundo, assim nos fala da felicidade: "A felicidade é qualquer coisa que depende mais de nós mesmos que das contingências e das eventualidades".

Montaigne, um dos mais eminentes filósofos franceses, mostrando--nos nas suas obras um leve estoicismo e um moderado ceticismo, que fora criticado por Pascal e Rousseau, mas altamente elogiado por Voltaire como uma das maiores inteligências francesas, assim nos fala como devemos criar o ambiente para a nossa felicidade: "Se me fosse permitido, imitaria o filósofo que mandava pendurar na parede quadros que representassem a jovialidade, a alegria, a flora e a graça".

E no mesmo sentido, Goethe, o mais célebre poeta da Alemanha e do mundo, colocando a alegria como uma das maiores virtudes, declara que, para a alimentar, devemos viver numa permanente atmosfera de beleza: "Depois da virtude, é a alegria que nos é mais necessária. Todos os dias deveríamos ler um bom poema, ouvir uma linda canção, contemplar um belo quadro e pronunciar algumas belas palavras". E logo a seguir, diz o mesmo Goethe: "Na plenitude da felicidade, cada dia é uma vida inteira". Ainda de Goethe: "Quando tiveres cumprido o teu dever, resta-te ainda um outro: mostres-te satisfeito".

Dostoiévski, um dos maiores escritores mundiais que, pelas suas ideias liberais, fora condenado à morte, salvo à última hora pela clemência do czar de todas as Rússias, oferece-nos este conselho: "Amigos, peçam a alegria a Deus. Sejam alegres como as crianças e como os pássaros no céu". E esse grande russo, que nos deixou em *Souveniers de la Maison des Morts* uma obra-prima, no ambiente de tirania em que vivia, ergue este hino à alegria: É maravilhosa a força da alegria. A sua resistência excede tudo quanto se possa imaginar. Não procure, portanto, um prêmio, pois tens uma grande recompensa sobre a terra, a alegria espiritual que só o justo possui".

Guerra Junqueiro, o grande poeta português, tem este pensamento sobre a alegria: "A alegria é, na infância, o que a asa é na ave, e o perfume na flor".

Oliver Wendell Holmes, médico americano e grande escritor puritano, cujos ensinos são no sentido de tornar o homem mais alegre e mais feliz, apresenta-nos, no trecho que se segue, a alegria como remédio para curar todas as enfermidades da alma: "A alegria é um remédio divino e todos a deveriam possuir. A canseira, a ansiedade, a inquietação — toda a ferrugem da vida deveria ser destruída pelo óleo da alegria".

Já o filósofo brasileiro Huberto Rohden, autor de tantas obras filosóficas, religiosas e morais, e precioso tradutor do *Tao Te King*, de Lao-Tsé, diz-nos que se não encontrarmos primeiramente a felicidade em nosso interior, inútil é procurá-la alhures, porque ela brota sempre de dentro para fora e nunca de fora para dentro. Assemelha-se àquele ensino de Jesus, quando diz que não é o que entra na boca que torna pecadora a alma do homem, mas o que sai do seu coração é que o impurifica. "A felicidade não existe fora de nós, onde geralmente a procuramos, mas dentro de nós, onde raramente a encontramos."

Marco Aurélio, o sábio imperador romano, também diz que é inútil procurar a felicidade fora de nós, se não a sabemos criar dentro do nosso interior: "É vão procurarmos a felicidade fora de nós, se não possuímos a sua fonte dentro de nós". E continua Marco Aurélio: "Olha para a tua frente e lá encontrarás a fonte da verdadeira felicidade, fonte inexaurível quando sempre a buscamos". E ainda Marco Aurélio, numa de suas mais belas linhas, nos oferece este conselho: "Não devo lamentar-me, eu que jamais lamentei quem quer que fosse". Mas não é lamentar-se a si mesmo e ao mesmo tempo aos outros que se evita de ser feliz, quando a nossa aspiração é o ser? À medida que se eleva a nossa ideia do dever, o império da alegria se purifica; e não é este império o mais belo destino? Nossa felicidade depende da nossa liberdade. Essa liberdade cresce quando fazemos o bem e diminui quando fazemos o mal.

John Ruskin, que é grande como escritor moralista, como é grande na arte em geral, declara que só podemos ser felizes e conservar a felicidade se construirmos um templo onde a pudermos conservar, vivendo no agora e esquecendo o passado, se foi amargo: "A felicidade consiste em preparar o futuro, pensando no presente, e esquecendo o passado, se foi triste".

Grandes são aquelas felicidades cimentadas em austera e serena sabedoria, sem arroubos de alegria nem depressões de tristezas. A este respeito, Shakespeare dá-nos magnífico conselho: "A felicidade efetivamente consiste no meio-termo, nem muito alta, nem muito baixa; na opulência, nascem-lhe cedo os cabelos brancos; na simplicidade tem velhice longa". E mais adiante, continua Shakespeare: "O coração alegre caminha todo dia e não se cansa. O coração triste se cansa ao fim de uma milha".

Todavia, Oscar Wilde declara: "Quero-me com quem ri a bandeiras despregadas", o que raramente acontece com um sábio, que sempre conserva uma austera serenidade, da qual se desprende uma invisível felicidade que toca a todos aqueles que dele se aproximam.

Também Rabelais nos fala do riso nestas palavras: "Ri. Ri. Porque o riso é próprio do homem".

O mesmo Oscar Wilde, inglês de origem irlandesa, que escreveu *Salomé*, dedicada a Sarah Bernhard e representada por ela, fala-nos de quão nocivo é o aborrecimento que nos leva à decadência e à prematura morte: "O aborrecimento é a coisa mais horrível do mundo. É o único pecado para o qual não existe perdão".

Tomás Morgan Hunte fala-nos nas vantagens de pequenos intervalos em nossos trabalhos, para repousarmos, para nos alegrarmos, para respirarmos profundamente, pois esses intervalos não só fortalecem a nossa saúde, como também nos preparam para aperfeiçoarmos os nossos trabalhos. Eis as palavras de Hunte: "A faculdade de rir, cessar o trabalho e distrair-se, esquecendo todos os cuidados da vida, é uma graça divina".

Já que a felicidade depende exclusivamente de nós, importa que tudo façamos na vida para a conservar; e o melhor meio é evitar a ociosidade, seu grande inimigo. Procuremos pois dedicar o nosso tempo a trabalhos que nos deem prazer. Ella Wheeber Wilcox dá-nos uma bela lição nestas linhas: "Adorai a vida que tendes. Buscai algo que valha a pena fazer enquanto fordes trabalhando para melhorar as vossas condições e aspirar à felicidade que almejais. Rejubitai-vos com alguma coisa todos os dias, porque o cérebro ganha hábitos e não podemos ensiná-lo de repente a ser feliz se lhe permitistes ser infeliz".

Reflitamos bem, que a felicidade não existe no isolamento. É no contato com os nossos semelhantes que ela nasce, mas contanto que sempre seja benéfico e harmônico para com todos os que nos rodeiam, e não conflitante, porque então não é a felicidade que se cria, mas a infelicidade que desponta. Willian Wowllwes dá-nos um bom conselho neste trecho: "Acabei de considerar a vida não como a procura de uma felicidade pessoal, mas como um desejo ardente de trabalhar para a felicidade de toda a família humana. Não há outra maneira de alcançar a felicidade".

Auguste Comte, o grande francês, criador do positivismo, tendo como base o amor, a ordem e o progresso, princípios que tanto influenciaram os principais criadores do regime republicano brasileiro, tem este belo pensamento sobre a felicidade: "Viver para os outros é não somente a lei do dever, mas também da felicidade".

Um outro grande orador sacro, o maior dentre os franceses, cujos sermões fascinavam multidões e ainda hoje fascinam quem os lê, Jacquer Bénigne Bossuet, nos ensina a evitar a inveja nesta bela declaração: "A maior felicidade que um homem pode possuir é ver sem inveja a felicidade alheia".

Jean-Jacques Rousseau escreve: "Sejamos bons primeiramente, depois seremos felizes. Não exijamos o prêmio antes da vitória, nem o salário antes do trabalho".

Na mesma ordem de ideias, eis o velho Aristóteles sempre nos ensinando: "A felicidade consiste em fazer o bem".

Quando trabalhamos alegremente e amamos o que fazemos, podemos dizer como o bispo de Hall: "É feliz todo aquele que trabalha de corpo e de espírito". E como não há felicidade sem saúde de corpo, o maior bem que Deus concedeu aos homens, Hugo Black concluiu: "Do trabalho provém a saúde, da saúde nasce o contentamento. O contentamento é a origem de toda a alegria".

Não é completa a nossa felicidade se contemplamos à nossa frente a infelicidade em nossos semelhantes. Então, a melhor maneira de sermos felizes é fazendo o que nos diz Cecil Frank Powell: "A minha maneira de ser feliz é contribuir para a felicidade dos outros".

Armemo-nos pois com a inteligência e força de que nos fala Harriet Elizabeth Stowe Beecher, autora de *A casa do pai Tomás*, que tanto influenciou a Guerra Civil norte-americana, e que nos declara: "Grande talento possui quem, sem dar por isso, sabe tornar os outros melhores e mais felizes".

Ser sábio é ser feliz. Diderot, o eminente escritor e filósofo francês, autor de tantas obras, entre as quais *La Religieuse*, ensina que o caminho para a felicidade é a bondade, porque ser bom já é ser feliz. Diz-nos Diderot: "A sabedoria não é outra coisa senão a felicidade".

E qual é o pai que não deseja que seus filhos sejam felizes? Não nos criou Deus para a felicidade? Sim, conforme afirma Epicteto: "Deus criou todos os homens para a felicidade; são desgraçados por sua culpa".

O grande amigo de Eça de Queirós, Ramalho Ortigão, afirma: "Sem alegria, a humanidade não compreendia a simpatia e o amor". E Eça nos diz que a felicidade e o amor dão tudo o que um sonhador sonhou, até as boas aparências: "A felicidade e o amor dão tudo, até as boas cores".

George Herbert, poeta e ensaísta inglês, nos declara: "A consciência do dever cumprido derrama na nossa alma doce alegria".

As rosas têm espinhos. Muitas vezes, o caminho que leva à alegria é semeado de abrolhos, como nos diz o padre Antônio Vieira: "Não há alegria neste mundo tão privilegiada que não pague pensão à tristeza".

Krishnamurti nos diz quão triste, quão nefasto, quão aborrecido é viver entre pessoas que são permanentes muros de lamentações, que só a doença e a tristeza proclamam, nas suas injustificadas queixas, quando poderiam encontrar, se o quisessem, a alegria, contemplando ou passeando num belo jardim; vendo o sorriso espelhado no rosto de uma criança; ouvindo uma bela melodia ou uma inspirada canção; deslumbrando-se com um belo quadro representando um sol que se deita no seu poente, depois de um bem vivido e iluminado dia. Aprendamos, pois, esta lição de Krishnamurti: *"Never allow yourself to feel sad or depressed. Depression is wrong, because it infects others and makes their lives harder, wich you have no wright to do. Therefore if ever it comes to you, throw at once"*.

A felicidade dá-nos uma grande consolação e tranquilidade, ensina-nos a encarar como encantadora a vida e aceitar tudo o que se desenrola em nossa volta como natural, porque geralmente desconhecemos as causas que determinaram os acontecimentos. Assim pensa o grande norte-americano Ralph Waldo Emerson, que libertado de todo o dogmatismo, vivendo e propagando um panteísmo místico, soube conquistar o reino da felicidade: "Em cada um se acomodar com a sua sorte, e não querer mais do que tem, eis no que consiste a felicidade".

Charles Baudelaire, um dos grandes pioneiros da moderna poesia francesa, cuja infância e adolescência foram cheias de sofrimentos e incertezas, quis depositar na sua maior obra, *Les Fleurs du Mal*, toda a sua revolta e sofrimentos passados. Até no trecho que se segue, preso ainda às sombras da infância e adolescência, só se encontra a dor e a melancolia: "Não posso dizer que a alegria não possa abrir-se à beleza. Digo, por isso, que a alegria é um dos seus enfeites mais vulgares, ao passo que a melancolia é, a tal ponto que não me é possível conceber um tipo de beleza que não esteja desacompanhado da dor".

Todos aqueles que encaram a vida negativamente se debatem

numa noite infinda de trevas; o corpo se deprime, a saúde se esvai, e logo a morte bate à sua porta. Assim aconteceu com Baudelaire, que morreu aos 46 anos sem conhecer a alegria. Enquanto os que vivem alegremente têm na alegria permanente o elixir da longevidade em perfeita saúde de corpo e de espírito.

Monsenhor Josemaria Escrivá de Balaguer — fundador do Opus Dei, a quem se atribui, depois da sua morte, muitos milagres — no seu livro *Caminho* —, fala-nos que a virtude é um fator de alegria e nunca de tristeza, contrariando muitos outros católicos, que acreditam ser só através da dor, da penitência, do sacrifício que se pode ascender ao céu, desejo de quase todos nós: "A verdadeira virtude não é triste nem antipática, mas amavelmente alegre. A alegria ilumina o nosso caminho da felicidade. Quero que estejas sempre contente, porque a alegria é parte integrante do teu caminho. Pede essa alegria sobrenatural para todos".

Krishnamurti, por sua vez, declara: "Quero, no momento, proporcionar-vos uma imagem do mundo e tornar-vos claro que a meta de todos os homens é a Libertação e a Felicidade".

Krishnamurti, no seu livro traduzido do inglês para o francês sob o título de *Le Royaume du Bonheur*, fecha-o da seguinte maneira: *"Vous tous qui voulez me suivre, avancez jusqu'à cette porte qui vous sépare de l'éternel jardin et vous y trouverez mille clés qui l'ouvrent; que chacun de vous prenne la sienne et entre. Mais il vous faut posséder cette immense jois, cette infinie jouissance pour pouvoir entrer au Royaume du Bonheur. Vous verrez que vous êtes le Maitre et que la roue des naissances et des morts a cessé d'exister pour vous. Vous aurez trouvé l'Eternel Refuge, l'Eternel Vêrité, vous aurez perdu l'identité de votre 'moil' separê et vous serez le créateur de nouveaux royaumes, de nouvelles demeures pour les hommes. Paix à tous les êtres".*

Aquele que, revestido de amor e abnegação, se consagra ao serviço da humanidade e à felicidade de seus semelhantes, pode aspirar a classificar-se na ordem divina como um semideus e gozar de uma ventura eterna, pois, identificando-se com Deus, torna-se seu mensageiro para ser orientador e mestre de peregrinos nestes e noutros planetas, em busca da perfeição. E, realmente, todos aqueles que vivem nobremente, mais que semideuses, são deuses, conforme está assinalado na Bíblia Sagrada: "Vós sois deuses e todos vós filhos do Altíssimo" (Salmo 82, v. 6)'" "Não está escrito na vossa lei: 'Eu disse: Sois deuses?" (S. João, cap. 10, v. 34). Com efeito, filhos de nosso Pai que está nos céus, herdamos seus atributos, e somos, todos nós, coerdeiros da sua divindade.

Se conhecermos a lei de Deus, que deseja o nosso progresso e a nossa santificação, então, viveremos em harmonia com tudo o que existe. Assenhoreamo-nos, assim, de um poder divino, e nos tornamos mestres de nós mesmos e uma benção para todos os que nos rodeiam. Não foi a missão dos sábios e santos que nos precederam e, como faróis, deixaram a sua chama a iluminar a história da humanidade?

Quando somos bons e vivemos no encantamento de perfeita alegria, tudo em que os nossos olhos tombam transforma-se em amor e felicidade para o nosso espírito. Metamorfoseamos até as aparentes coisas feias em belas e boas.

A felicidade e a verdade são plantas da vida moral mais do que da vida intelectual. Uma verdade só existe para nós a partir do momento em que ela modifica, purifica e enobrece qualquer coisa em nossa alma.

Os homens ajudam-se mutuamente pela alegria e não pela tristeza. Não foram criados para se matarem uns aos outros, mas para se amarem e se ajudarem reciprocamente.

Convençamo-nos de que o dever essencial da nossa alma é de ser tão completa, tão feliz, tão independente, tão sábia quanto possível, não por orgulho, mas porque só assim podemos ser mais úteis ao nosso próximo pela palavra, e, especialmente, pelos nobres atos cotidianos da nossa vida, que ficam como exemplos — e nada mais convincente que o exemplo.

Nunca devemos ceder ao desalento e à tristeza, para não contaminar com esses nefastos vírus os nossos semelhantes. Afirma Marragman: "É dever sermos alegres. A violação desse dever merece prisão ou multa. Que direito temos nós de afligir o próximo com ares tristes e plangentes lamúrias, lágrimas, olhares alucinados e gestos tristes e trágicos? Que direito temos nós de semear por toda parte o bacilo da depressão, da melancolia, da desesperança? Um indivíduo pode sofrer de todos os males, mas não os deve confessar, porque não devemos aborrecer os nossos semelhantes com tristezas e lamentações, dando a impressão de que vivemos num hospital imenso de dores e sofrimentos".

Portanto, sempre que a tristeza e o desalento baterem à nossa porta, que jamais ultrapassem o pórtico da nossa residência espiritual.

Em delícias eternas vive a alma que em si encontra a fonte da Felicidade e Sabedoria, vivendo para o bem dos seus semelhantes, unida a Deus e desapegada dos transitórios bens terrenos.

O mal deparado nos caminhos da vida não reside na essência das coisas, mas na imperfeição da nossa inteligência e vontade, cuja educação e fortalecimento se realizam no curso da nossa evolução. Em razão de sermos responsáveis por tudo o que nos acontece, é inútil revoltarmo-nos quando a adversidade nos atinge, fruto de pretéritas ações.

Muito se tem abordado neste livro a respeito de sermos os únicos causadores de tudo o que nos acontece: sofrimentos, tristezas, alegrias, derrotas, vitórias — efeitos de causas passadas. Ora, em todo ser lateja a suprema aspiração da felicidade e da alegria, e os meios de as obter só em nós existem. Haja, porém, determinação heroica e perseverante vontade, forte e dinâmica como aço bem temperado, a exemplo de Benjamin Disraell que, insultado e vilipendiado na Câmara dos Comuns, como já o disse alhures, retira-se por anos das lides parlamentares, para cumprir esta promessa: "Um dia voltarei e me ouvireis com respeito e obediência". Voltou como primeiro-ministro do maior império de então.

Na vida, muitas felicidades e infelicidades não são devidas senão ao acaso; mas a paz interior de um sábio não depende do acaso, cuja serenidade e alegria ficam inalteráveis ante os embates dos acontecimentos.

A humanidade tem vivido até hoje como um doente que se vira e revira no seu leito de dor para encontrar o repouso; mas as únicas palavras consoladoras e verdadeiras que ela ouviu até hoje são como se ela jamais estivesse doente. É que a humanidade foi criada para viver feliz, e quando lhe falam na miséria, no seio da miséria mais universal, é como se lhe dissessem palavras acidentais e provisórias.

Útil e bom é crer que um pouco mais de pensamento, um pouco mais de coragem, um pouco mais de amor, um pouco mais de curiosidade, um pouco mais de ardor no viver bastariam para sonhar que um dia se abrirão as portas da felicidade, da alegria e da verdade. Isso não é impossível. Pode-se aguardar que, certa manhã, todo o mundo será feliz e sábio; e, se essa manhã não chegar, nada de errado há em o sonhar. Em todo caso, útil se torna falar da felicidade para aqueles que vivem na sombra da tristeza, a fim de que eles conheçam a alegria de ser feliz. O mais feliz dos homens é aquele que melhor conhece a sua felicidade; e o que a conhece melhor, é o que sabe mais profundamente que a felicidade não se separa da angústia senão por uma ideia, infatigável, humana e corajosa. É sobre essa ideia que é salutar falar-se o mais possível, não para impor aos outros a felicidade que se possui, mas para fazer brotar no coração de quem escuta a vontade de possuir a mesma felicidade que encanta a vida.

Essa felicidade é diferente para cada um de nós. A vossa não me convém, fazeis bem em a repetir com eloquência, mas ela não atingirá os órgãos secretos da minha vida. Importa que eu adquira a minha felicidade por mim mesmo. Mas se me falais da vossa felicidade, me ajudareis, sem o saberdes, a adquirir a minha. Acontecerá que o que vos entristece me reconfortará, e o que vos consola me afligirá, talvez; pouco importa; o que há de mais belo na vossa visão consoladora entrará na minha afeição, e o que há de grande na vossa tristeza se transformará em alegria, se a minha alegria for digna da vossa tristeza. O que importa, antes de tudo, é preparar na superfície da nossa alma uma certa altura para aí receber essa ideia, como os padres das antigas religiões que, heroicamente, à custa de grandes sacrifícios, escalavam as altas montanhas para ouvirem a voz de Deus, simbolizado no grande exemplo de Moisés.

É sábio pensar e agir como se tudo o que acontece fosse indispensável.

Nada há mais justo que a felicidade, nada que mais encante a nossa alma; mas, para conquistá-la, é preciso vencer a dor e a tristeza. O anjo da dor fala todas as línguas e conhece todas as palavras, mas o anjo da felicidade não abre a boca senão para falar na felicidade, que o próprio selvagem compreende. A infelicidade saiu da sua infância há milhares de anos, mas diria que a felicidade dorme ainda no limbo.

Alguns homens aprenderam a ser felizes, mas onde estão aqueles que, na sua felicidade, sonharam ensinar a felicidade aos seus semelhantes? De onde vem esse injusto silêncio? Falar da felicidade não significa ensiná-la? E um dos mais belos deveres dos que são felizes não será ensinar os outros a serem felizes? É certo que se aprende a ser feliz; e nada se aprende mais facilmente que a ciência da felicidade.

Com efeito, se o homem tivesse uma migalha daquela *fé que transporta montanhas*, inspirada numa vida sem pecados, até as suas próprias doenças poderia curar, sem necessidade de nenhum remédio, e ainda ajudar a curar a doença de um ou outro semelhante, por fortes pensamentos e devotadas preces.

O fim supremo da sabedoria é encontrar, por meio de uma vida nobre e perfeita, a felicidade. Mas, procurar essa felicidade no adeus à alegria e na renúncia é procurá-la loucamente na morte.

Com o afastamento do castigo e da recompensa nasce a necessidade de fazer o bem pelo amor do bem; antes de existirmos para os outros, importa existirmos para nós mesmos, antes de nos darmos, é preciso possuirmo-nos.

Cada decepção, cada amor irreal, cada esperança morta trazem consigo um pouco de verdade; e quanto mais as desilusões tombam aos nossos pés, mais nobremente aparece a grande realidade da nossa sabedoria a iluminar a nossa alma e a dissipar as trevas dos desenganos, como o sol, num céu enevoado, esparge os seus raios entre nuvens passageiras através de réstias de céu azul.

Finalmente, meditemos no que diz Margarida Stone: "Se pensardes muitas vezes na felicidade, ela tornar-se-á um hábito e auxiliar-vos-á poderosamente a fazer o bem. Podemos tomar o hábito de encarar só o bom aspecto das coisas. Todos possuímos a faculdade de exercer a nossa vontade sobre o que nos conduz à felicidade e ao desenvolvimento do nosso ser. Se tentarmos constantemente parecermos felizes e amáveis, quer o sintamos ou não, o esforço transformar-se-á pouco a pouco em hábito".

Ser alegre não significa ser feliz e ser feliz não significa ser alegre. Há pequenas felicidades de um instante que sorriem e fecham os olhos enquanto sorriem.

Parece exato que neste mundo o mal atraia o seu castigo mais seguramente que a virtude veja a sua recompensa. É verdade que o crime tem hábitos de se punir a si próprio no meio de grandes crises, enquanto a virtude se recompensa no silêncio, que é o jardim encantado de sua felicidade.

Não é demais repetir e falar sobre as grandes virtudes que muitas inocentes e boas almas procuram encontrar no martírio e na renúncia às boas coisas da vida. Evitemos introduzir em nossas vidas esses inúteis sacrifícios. O mundo está cheio de almas fracas que imaginam que a última palavra do dever se encontre no sacrifício. O mundo está cheio de belas almas que, não sabendo o que fazer, procuram sacrificar as suas vidas, e isso é considerado virtude suprema. Não, a virtude suprema é saber o que fazer e escolher a quem se deve dar a vida. A resignação e o sacrifício são belos diante de fatos inevitáveis e urgentes, como salvar alguém de um incêndio, de um afogamento, de um desastre, mas fora disso não passa de ignorância. É verdade que há almas que não têm a coragem nem a força para ir à procura de uma outra vida moral. É mais fácil morrer moral e até fisicamente para os outros, que aprender a viver para eles. Não é por meio do sacrifício que a alma se torna grande, mas é se tornando grande que ela perde de vista o sacrifício, tal qual o viajante que se eleva perde de vista as flores do vale.

É bela a resignação diante de fatos inevitáveis, mas onde a luta e a vitória são possíveis, em casos que parecem perdidos mas com tênue esperança de serem vencidos, a resignação não passa de covardia.

Saibamos oferecer a nossos irmãos infelizes, quando se tornar necessário, parte de nossos haveres físicos e morais, não com esperança de recompensa, mas por um sentimento de piedade e amor.

Os *Versos de ouro*, de Pitágoras, observam que o homem se pode livrar dos seus sofrimentos e usar dos poderes extraordinários que Deus lhe concedeu: *"Dieu, notre Père! Puísse-tu les délivrer de leurs souffrances et leur montrer de quelle puissance surnaturelle ils peuvent disposer! Mais non: soyons sans angoisse, car les hommes sont de la race des Diex et c'est à eux de découvrir les vérités sacrées que la nature offre à leur recherche".*

Coletânea de pensamentos sobre alegria e felicidade

Os prazeres pertencem à mocidade; as alegrias à meia-idade; a bem-aventurança à velhice.
ANDERSEN

A felicidade consiste em fazer o bem.
Os homens que amam o trabalho são naturalmente felizes e otimistas. Amar o trabalho é amar a vida.
ARISTÓTELES

Viver para os outros é não somente a lei do dever, mas também da felicidade.
AUGUSTO COMTE

Todas as fórmulas para uma vida feliz repousam num ideal superior.
AUSTREGÉSILO

Três quartos da vida passam-se a preparar a felicidade; mas não se deve crer que por isso a última quarta passe a gozá-la.
ANDRE GIDE

Bem-aventurados os crentes, / os que nas suas orações são humildes, / os que fogem da intriga, / os que dão esmola. / Os que praticam a abstinência, / a não ser com as esposas legítimas. Nestes casos não serão censuráveis.
ALCORÃO

Feliz de quem passou, por entre a mágoa / E as paixões da existência tumultuosa, / Inconsciente como passa a rosa, / E leve como a sombra sobre a água. / Era-te a vida como um sonho indefinido, / E tênue, mas suave e tranquilo. / Acordaste... sorriste. / Continuaste o sonho interrompido.
ANTERO DE QUENTAL

Quem for feliz quererá tornar os outros felizes também. Quem tem coragem e fé, nunca perecerá na miséria.
ANNE FRANK

A felicidade é uma flor que não se deve colher.
ANDRÉ MAUROIS

Quem não reverencia Deus, não pode ser feliz neste mundo. Que poderá então esperar dos outros?
BHAGAVAD GITA

É feliz todo aquele que trabalha de corpo e de espírito.
BISPO HALL

Feliz o homem que se ocupa de alguma coisa que o preserve da ociosidade, e que sabe desfrutar as doçuras do trabalho, porque lhe é agradável o exercício da sua atividade.
BORDOGNS

Toda alegria é ganho, e ganho é ganho, inda que pequeno.
Oh, tornemo-nos felizes e nos tornaremos bons.
BROWING

Venturoso aquele a quem o céu deu um pedaço de pão sem que lhe fique a obrigação de agradecê-lo a outro que não fora o próprio céu.
CERVANTES

És precária e veloz, Felicidade. / Custas a vir e, quando vens, não te demoras. / Foste tu que ensinaste aos homens que havia tempo, / E, para te medir, se inventaram as horas.
CECÍLIA MEIRELLES

A minha maneira de ser feliz é contribuir para a felicidade dos outros.
CECIL FRANK POWELL

Às vezes grandes tristezas / Parecem grandes alegrias.
CAMÕES

Se não és rico, alegra-te porque outrem o seja, e assombrar-te--ás da felicidade que te advém do teu contentamento.
Estou sempre alegre — isso é a maneira de resolver os problemas da vida. Tenho a impressão de que os homens estão perdendo o dom de rir.
CHAPLIN

O homem faz a sua felicidade como a abelha faz o seu mel.
DESCHANEL

A alegria é a saúde da alma.
BERTHÉMY

A sabedoria não é outra coisa senão a certeza da felicidade.
DIDEROT

Ainda que não vos sintais alegres, procedei como se estivésseis.
O poder reside na alegria.
A felicidade só cria recordações felizes. Enchei as vossas horas de felicidade.
EMERSON

Eu não preciso de nenhuma dessas coisas, e, afinal de contas, tu és mais pobre do que eu. Tu tens baixelas de prata, mas paladar de barro. O meu espírito é um reino para mim e proporciona-me uma ocupação prolongada e feliz, em vez da tua preguiça ociosa. As tuas propriedades parecem-te ainda pequenas, as minhas parecem-me grandes. Os teus desejos são insaciáveis, os meus estão satisfeitos.
EPICTETO (De uma carta a um homem rico.)

A felicidade não consiste em adquirir e em gozar do adquirido, mas sim em não desejar, porque consiste em ser livre.
Os deuses criaram todos os homens para serem felizes; são desgraçados apenas por sua própria culpa.
EPICTETO

Todos os dias, sobre todos os pontos de vista, vou cada vez melhor.
EMILE COUÉ

O que falta a muita gente para ser feliz é ter sido infeliz.
EMILE DE GIRARDIN

Em cada um se acomodar com a sua sorte, e não querer mais do que tem, eis no que consiste a felicidade.
ERASMO

Só é feliz de fato o homem cuja vida transcorra até o fim serenamente próspera.
ÉSQUILO

Felicidade é a certeza de que a nossa vida não está se passando inutilmente.
ÉRICO VERÍSSIMO

Tudo responde ao chamado da alegria, tudo se resume e se reúne onde a vida é um canto.
CRISTIAN LARSON

Cada manhã, o homem precisa levantar-se com nova provisão de bom humor, de vontade firme, de satisfação íntima.
ALBERTO A. LOHMANN

Um otimismo moderado, que do rosto nasce de uma sincera filosofia da vida, pertence à dietética da alma.
FEUCHTERSLEBEN

As boas ações purificam o sangue e dão sonhos felizes.
FILIPO PANANT

A felicidade é sinônimo de tranquilidade. Ser feliz é ser tranquilo.
GILBERTO AMADO

Felicidade — sonho sombrio!/ Feliz é o simples que sabe ser / como o vê a rosa, a árvore, o rio;/ simples, mas simples sem o saber.
GUILHERME DE ALMEIDA

Ser alegre é ser forte; a força é uma alavanca.
GUERRA JUNQUEIRO

É possível que o homem viva sozinho, mas não creio que isso seja felicidade.
FRANKLIN

Na plenitude da felicidade, cada dia é uma vida inteira.
Quando tiveres cumprido o teu dever, resta-te ainda outro: mostrares-te satisfeito.
GOETHE

Esperas ser feliz quando tenhas obtido o que pedes; enganas-te,

terás as mesmas inquietações, iguais cuidados, idênticos desgostos, semelhantes temores, desejos parecidos, mas sim em não desejar, porque consiste em ser feliz.
EPICTETO

Manter-se sorridente perante um perigo é, sem dúvida, heroico.
GUILHERME ROBERTSON

O trabalho nasce espontaneamente da alegria como o fruto que nasce de uma flor.
GUERRA JUNQUEIRO

A felicidade não existe fora de nós, onde em geral a procuramos, mas dentro de nós, onde raramente a encontramos.
HUBERTO ROHDEN

O otimismo é a fé em ação. Nada se pode levar a efeito sem otimismo.
KELLEN KELLER

Os homens felizes são aqueles que têm de fazer as coisas que gostam de fazer.
HENE (Jerome)

A alegria é um remédio divino e todos a deviam ter. A canseira, a ansiedade, a inquietação — toda a ferrugem da vida deveria ser destruída pelo óleo da alegria.
HOLMES (Wendell)

Um verdadeiro exame de todas as nossas experiências passadas pode-nos revelar o fato surpreendente de que tudo que nos acontece foi para o nosso bem.
HENRY FORD

A felicidade é, antes de tudo, o sentimento tranquilo, contente e seguro da inocência.
 Durante algum tempo alguém pode ficar alegre consigo mesmo, mas a longo prazo a alegria deve ser compartilhada por duas pessoas.
IBSEN

O estudo é a valorização da mente ao serviço da felicidade humana.
GUIZOT

Nenhum malvado é feliz.
JUVENAL

É a velhice que nos ensina a sonhar, a sorrir e a esperar; e só é feliz na vida quem sonha e quem espera.
JÚLIO DANTAS

Há máquinas de felicidade dispendiosas, que funcionam com enorme desperdício, e há outras econômicas, que, com as migalhas da sorte, criam a alegria para uma vida inteira.
A consciência do dever cumprido derrama na nossa alma doce alegria.
JORGE HERBERT

Há poucas coisas tão contagiosas como a alegria das pessoas sérias.
JÚLIO DINIZ

A felicidade é um estado de alma em que esta saboreia uma constante satisfação.
JOUBERT

A felicidade é qualquer coisa que depende mais de nós mesmos do que das contingências e das eventualidades da vida.
JÚLIO DANTAS

Queres viver alegre? Vive bem.
ISIDORO (Santo)

Há duas fontes perenes de alegria pura: o bem realizado e o dever cumprido.
EDUARDO GIRAU

Começamos a ser realmente felizes quando descobrimos e seguimos nossa divina identidade.
EDMUNDO TEIXEIRA

Os que abrem os seus ouvidos para a instrução e se afastam da iniquidade acabarão seus dias em felicidade e os seus anos em delícias.
JOB

Resolvi contemplar, enquanto viver, como o sol, o bom aspecto das coisas.
HOOD (J. B.)

Dois homens olham para fora entre as mesmas grades: um vê o barro e o outro, as estrelas.
LONGBRIDGE

Há uma espécie de vergonha em ser feliz à vista de certas misérias.
LA BRUYÉRE

A felicidade ou a desgraça dos homens depende mais do seu gênio que de sua fortuna.
LA ROUCHEFOUCAULD

Se quisermos o justo e o bom, teremos melhor êxito com a alegria.
KÔRNER (T.)

Se pensássemos, cada um de nós, por um momento, que a nossa felicidade é obra de nós mesmos, terminaríamos com a miséria humana.
MASSILON

Nada vos sucede que não seja da vossa própria essência. Não há ocasiões heroicas que se apresentem a quem não era, havia muito tempo, herói obscuro e desconhecido.
MAURICE MAETERLINCK

Em vão procuramos a verdadeira felicidade fora de nós, se não possuímos a sua fonte dentro de nós.
Queremos todos ser felizes; mas cada um de nós define a sua felicidade a seu modo e diversamente dos outros. E a Providência Divina quer que assim seja para que a felicidade chegue a todos

pela variedade e diversidade dos objetos apetecidos e reputados capazes de fazer felizes pela sua posse e fruição.
MARQUÊS DE MARICÁ

A alegria verdadeira / Para tornar-se manifesta / Não tem necessidade de um lábio loquaz.
MESTÁSIO

Se a gente quisesse ser apenas feliz isso não seria difícil. Mas quer-se ficar mais feliz do que os outros, o que é quase sempre difícil, porque nós sempre achamos os outros mais felizes do que nós.
MONTESQUIEU

Cultivar a alegria custa menos que a tristeza e traz melhores resultados.
MARQUÊS DE MARICÁ

Aconteça o que acontecer, vive alegre, pois a alegria dissipa as nuvens mais negras que podem apresentar-se em vosso caminho.
MARDEN (O. S.)

O entusiasmo é a maior força da alma. Conserva-o e nunca te faltará poder para conseguires o que desejas.
NAPOLEON HILL

Muitas vezes as alegrias são o princípio da nossa dor.
OVÍDIO

A felicidade de viver não me basta, é preciso a ter vivido.
MAURICE GOUDEVET

Só há um jeito feliz de viver, é ter espírito religioso. Explico melhor: não se trata de ter espírito católico ou budista, trata-se de ter espírito religioso para com a vida. Eu sempre gostei muito de viver, de maneira que nenhuma manifestação da vida me é indiferente.
MÁRIO DE ANDRADE

Quantas vezes a gente, em busca da ventura / Procede tal e

qual a avozinha: / Em vão, por toda a parte, os óculos procura, / Tendo-os na ponta do nariz.
MÁRIO QUINTANA

A felicidade é necessária para o corpo, mas só a dor enriquece o espírito.
PROUST

O caminho que conduz para a felicidade do Céu, por mais que seja largo e alegre, parece-nos estreito e triste; e aquele que conduz para a felicidade da Terra, alegre e largo, mas que há de ser, se somos terra.
MATIAS AIRES

A faculdade de rir, cessar todo o trabalho e distrair-se, esquecendo todos os cuidados da vida, é uma graça divina.
MORGAN (Thomás Hunt)

Olha para a tua frente e lá encontrarás a fonte da verdadeira felicidade, fonte inexaurível quando sempre a busques.
Não te dê cuidado a vida em conjunto; não te preocupes em calcular as provações numerosas que provavelmente te sobreviverão. Perante cada aborrecimento, pergunta a ti mesmo: "Que há aqui de verdadeiramente insuportável?" e sentir-te-ás envergonhado à revelação.
MARCO AURÉLIO

A felicidade é uma bola atrás da qual corremos enquanto vai rolando e impelimos com o pé, logo que para.
PUISIEUX (Madame de)

Devemos fazer públicas nossas alegrias e esconder nossas mágoas.
PROVÉRBIO INGLÊS

O bem que fazemos na véspera fará a tua felicidade no dia seguinte.
PROVÉRBIO HINDU

Um coração alegre faz tanto bem quanto os remédios.
PROVÉRBIO ORIENTAL

Um coração alegre aformoseia o rosto; mas com a tristeza no coração o espírito se abate.
PROVÉRBIO DE SALOMÃO

Alegrai-vos com os que se alegram, e chorai com os que choram.
PAULO (São)

Homem feliz é aquele que, ao despertar, se reencontra com prazer, se reconhece como aquele que ele gosta de ser.
PAUL VALÉRY

Seria preciso tentar ser feliz ainda que fosse apenas para dar o exemplo.
PÉGUY

Sabe então esta verdade (basta ao homem sabê-la). A virtude é a única felicidade na terra.
POPE

Não fales de uma felicidade a quem, mais do que tu, for desgraçado.
Que não se passe um dia sem buscares saber: Que fiz hoje? E hoje o que olvidei? Se for mal, abstém-te; se for bem, persevera.
PITÁGORAS

Há grandes corações que são magnificamente viris e cuja presença é verdadeiro raio de sol. O seu contato muda a nossa maneira de ver as coisas. Lubrificam a engrenagem da vida, forças vivas da humanidade.
PETER HILLE

Aprende a viver contente em toda e qualquer ocasião.
PAULO (São)

Feliz serás e sábio terás sido se, quando a morte vier, não te puder tirar senão a vida.
QUEVEDO

A felicidade consiste em conhecer seus limites e amá-los.
ROMAIN ROLLAND

Sejamos bons primeiramente, depois seremos felizes. Não exijamos o prêmio antes da vitória, nem o salário antes do trabalho.
A espécie da felicidade de que preciso não é tanto fazer o que quero, mas não fazer o que não quero.
ROUSSEAU (J. J.)

Se és feliz e não sabes, tens na mão o maior bem entre os mais bens terrenos.
RAUL DE LEONI

Para o homem da cidade, ser feliz se traduz em "ter coisas": ter apartamento, rádio, geladeira, televisão, bicicleta, automóvel. Quanto mais engenhocas mecânicas possuir, mais feliz se presume. Por isso se escraviza, trabalha dia e noite, e se gaba de bem--sucedido. E, mormente, não trabalha obrigado.
RACHEL DE QUEIROZ

Ri, ri, porque o riso é do próprio homem.
RABELAIS

Três âncoras deixou Deus aos homens: amor à pátria, o amor à liberdade e o amor à verdade.
RUI BARBOSA

Sem alegria a humanidade não compreende a simpatia e o amor.
RAMALHO ORTIGÃO

O mundo está tão cheio de uma porção de coisas; / Por certo deveríamos ser tão felizes como os reis.
ROBERT LOUIS STEVENSON

Mas na verdade, andamos sobre diamantes, safiras, opalas. A fuligem é prima segunda do diamante. A argila e a areia são produtos afastados das pedras, a que chamamos preciosas. Se bem pensarmos nada há no mundo que seja vulgar e impuro, e, naquilo

que nos parece ordinário, encontraremos o precioso, se tivéssemos paciência e se nos déssemos ao trabalho de buscar.
RUSKIN

A felicidade é uma doce aquiescência a uma doce ilusão.
STERNE (L.)

Bem-aventurado o homem que acha a sabedoria e o que adquire o conhecimento. Melhor é a sabedoria do que as joias. Tudo que se deseja não se compara com a sabedoria.
SALOMÃO

A felicidade é uma ideia nova na Europa.
SAINT-JUST

Não temos mais direito de consumir felicidade sem produzi-la de que de consumir riquezas sem produzi-las.
SHAW (Bernard)

Para o pessimista o mundo é árido, triste e superficial, tanto como é rico e interessante para o otimista. A alegria conserva a saúde e a juventude do coração. A faculdade de nos distrairmos e esquecer todos os cuidados da vida depois do trabalho é uma grande regra. Não é o homem que mata o homem — é a canseira.
SCHOPENHAUER

O bem deve-se fazer sempre com alegria.
TALMUDE

A felicidade do corpo consiste na saúde, e a do espírito na sabedoria.
TALES

É preciso ter sido pastor para apreciar a felicidade dos carneiros.
TELLEYRAND

Quando estiverdes alegres, não o seja com risos demasiados, mas com uma alegria humilde, modesta, afável e edificante.
TERESA DE JESUS (Santa)

Os homens que procuram a felicidade são como bêbados que não conseguem encontrar a própria casa, mas que sabem que a tem.
VOLTAIRE

Essa felicidade que supomos. / Árvore milagrosa que sonhamos. / Toda arcada de dourados pomos, / Existe, sim: mas nós não a alcançamos, / Porque está sempre apenas onde a pomos / E nunca a pomos onde nós estamos.
VICENTE DE CARVALHO

Feliz aquele que longe dos negócios, / Como a antiga raça dos homens, / Cultiva os campos paternos com os seus bois, / Isento de toda a usura.
Feliz quem pode conhecer as causas dos fenômenos.
VIRGÍLIO

Para alguns a alegria inata chega a atingir o gênio.
WHILE

Falamos demais sobre a felicidade, e, como artista, nada disso nos diz respeito. Nenhum artista é independente. Ele possui uma missão e a felicidade não está incluída nela. O prêmio do artista é a alegria. Eu assinalo apenas as horas felizes, exatamente como o relógio do sol.
WELLES (Orson)

Os tristes dizem que os ventos gemem; os alegres acham que cantam.
ZAIKIND PIATIGORSKY

Nunca encontrei, até hoje, homem / Que dentro dos limites da alegria decente / Fosse mais alegre.
SHAKESPEARE (Palavras de Rosaline a respeito de Biron.)

Leitura recomendada

A essência do conceito *clipping* é informar e motivar. Neste último capítulo deste livro *clipping*, apresentamos ao leitor comentários sobre os livros-matrizes, de onde os textos foram extraídos. Geralmente são prefácios ou introduções explicando a obra e sua finalidade.

O conteúdo dos livros desta coleção é autossuficiente, mas ao leitor que deseje conhecimentos mais completos, recomendamos a leitura dos livros-fonte — aliás, esta é uma das razões da "invenção" da coleção O Poder do Poder.

A maioria dos livros aqui recomendados encontra-se disponível em livrarias ou nas respectivas editoras.

O Caminho da Felicidade

HUBERTO ROHDEN — EDITORA MARTIN CLARET

A origem deste livro foi uma "resistência cultural" contra o autor. E nasceu do mais alto ideal cultural e educacional de um professor de filosofia.

Em 1951, quando o filósofo e educador Huberto Rohden voltou ao Brasil, depois de ter lecionado, por mais de cinco anos, na cátedra de Filosofia Universal e Religiões Comparadas da famosa American University de Washington, D.C., trouxe, na sua bagagem, um extenso programa educacional para adultos de todas as classes, credos e cores políticas. Obstáculos de todas as naturezas e um "glorioso silêncio" por parte das instituições brasileiras não criaram condições propícias ao jovem recém-chegado professor.

Hoje, os grandes segmentos institucionais do país — Igreja, universidade, imprensa e educadores — estão convergindo para os mesmos ideais educacionais de Rohden.

O conteúdo deste livro constituiu o seu primeiro trabalho educacional para adultos. Fazia parte de um Curso Prático de Filosofia da Vida, por muito tempo ministrado por correspondência. Mais tarde o curso se transformou em livro. Hoje, na 11ª edição — com mais de 50 mil exemplares publicados —, continua sendo lido e relido por homens e mulheres de todo o Brasil.

A obra é constituída de 24 capítulos, todos enfocando este grande anseio da condição humana — o estado de felicidade. Aliás, o autor declara na Introdução da obra: "O problema da felicidade é o problema central e máximo da humanidade".

No último capítulo, intitulado "Conhece os milionários da felicidade", diz Rohden: "No meio das trevas da infelicidade aguda e das penumbras do descontentamento crônico, convém que o homem levante os olhos para as luminosas alturas de alguns dos grandes milionários da felicidade". O educador nos recomenda modelar, ou eleger como modelo, homens como Mahatma Gandhi, Albert Schweitzer, Buda, Lao-Tsé, Jesus e outros.

Rohden enfatiza a pedagogia do exemplo como força motivadora para a realização do potencial humano.

O Caminho da Felicidade é um livro de autoconhecimento e de autorrealização. Ensina o *método,* fornece os *meios* e ilumina a *meta* para o ser humano viver feliz.

Liberte sua Personalidade

MAXWELL MALTZ — SUMMUS EDITORIAL

Esta obra-prima da literatura inspiracional, publicada no Brasil pela Summus Editorial, é um dos mais importantes livros na área do comportamento humano. Seu autor, Maxwell Maltz, médico e cirurgião-plástico norte-americano, é o criador do termo psicocibernética — os princípios da Cibernética aplicados na psicologia.

Liberte sua Personalidade é um livro de leitura obrigatória àqueles que quiserem conhecer a funcionalidade de nosso cérebro e por que fazemos algumas coisas e deixamos de fazer outras. É uma nova maneira de dar mais vida à sua vida.

O próprio autor, ao prefaciar a obra, diz estas reveladoras palavras:

A descoberta da "autoimagem" — a imagem mental que o indivíduo faz de si mesmo — representa um avanço na psicologia e no terreno da personalidade criadora.

Faz mais de dez anos que se reconheceu a importância da autoimagem. Contudo, pouco se tem escrito a respeito dela. E, o que é curioso, não porque a "psicologia da autoimagem" não tenha surtido resultados, mas porque deu resultados assombrosos. Como disse um de meus colegas: "Hesito em divulgar minhas descobertas, principalmente para o público leigo, porque se eu apresentasse alguns de meus casos e descrevesse as espetaculares melhorias em personalidade que observei, seria acusado de exagero ou de pretender criar um culto, quando não de ambas as coisas".

Eu, também, sinto igual espécie de hesitação. Qualquer livro que pudesse escrever sobre esse assunto seria provavelmente olhado com estranheza por alguns de meus colegas. Em primeiro lugar, porque, de certa forma, não é usual que um especialista em cirurgia plástica escreva livros sobre Psicologia. Depois, porque determinados setores provavelmente considerariam mais estranho ainda sair alguém do estreito dogma — o "sistema fechado" da ciência da "psicologia" — e procurar respostas, sobre o comportamento humano, nos terrenos da Física, da Anatomia, e na nova ciência da Cibernética.

Minha réplica a tais objeções é que todo médico que faz cirurgia plástica é e deve ser um psicólogo. Quando alteramos as feições de um homem, quase invariavelmente alteramos o seu futuro também. Mudemos sua imagem física e quase sempre mudaremos o homem — sua personalidade, seu comportamento e, algumas vezes, seus dons naturais e aptidões.

Como Viver 365 Dias por Ano

JOHN A. SCHINDLER — EDITORA CULTRIX

Eis um livro para você!

Como Viver 365 Dias por Ano não constitui, como muitas obras no gênero, apenas um conjunto de regras mecânicas e de fórmulas preestabelecidas, cuja simples leitura conduz, infalivelmente, ao caminho certo e direto da felicidade.

Este livro é o resultado concreto de estudos minuciosos, cuja validez reside justamente na sua perfeita praticabilidade. Ele lhe mostrará não só que a maioria das doenças provém de um intenso estado emocional determinado pela vida atribulada que levamos hoje em dia, mas principalmente como enfrentar os problemas que nos afligem, sem transformá-los numa tensão emocional, que prejudica tanto a resolução desses mesmos problemas, como, o que é mais grave, o equilíbrio exigido para a manutenção de sua perfeita saúde.

Mais de 325.000 exemplares vendidos!

Como passou os 365 dias do ano findo?

Seus 365 dias do ano passado, provavelmente, não foram diferentes dos anos anteriores. Você sofreu muitos transtornos. Houve ocasiões em que se sentiu esgotado. Você sofreu moléstias e dores que muito o preocuparam. Teve de lutar contra ansiedades, temores, contrariedades.

Muitos de nós, apenas andamos às tontas, nos últimos 365 dias. Quase não tivemos a oportunidade de um dia feliz. Enfim, por uma certa razão que não podemos descobrir, nossa vida foi muito diferente da que planejamos que fosse.

Você pode conhecer o segredo do saber viver.

Neste século XX, pela primeira vez na História, foi revelado um extraordinário processo de saber viver.

Essa nova descoberta lhe é agora apresentada — em regras de fácil aplicação — por meio do livro: *Como Viver 365 Dias por Ano*, que visa, principalmente, a um objetivo: ensinar-lhe um novo caminho, diferente daquele que você seguiu nos últimos 365 dias, e no qual poderá realmente viver seus próximos 365 dias, assim como todos os dias seguintes.

Que benefícios lhe trarão seus futuros 365 dias?

Segundo os dados colhidos nas pesquisas clínicas, cada um de nós sente seis necessidades básicas, seis desejos, seis coisas que, ardentemente, desejamos realizar.

A ventura dos seus futuros 365 dias depende do meio pelo qual seu modo de viver satisfaça essas seis necessidades: você deseja ser alvo de elevada consideração e afeto, por parte de outros que o consideram como pessoa importante e de valor.

Você deseja gozar de um sólido sentimento de segurança, sentir-se livre de temores inquietantes, encontrar canais para manifestação de suas qualidades pessoais, dos seus poderes criadores em sua vida diária, em suas ocupações prediletas ou em qualquer outra atividade. Você deseja ser estimado por aqueles que tudo lhe significam na vida.

Você deseja novas oportunidades que lhe trarão progresso na vida.

Você deseja sentir autoadmiração e um revigorado sentimento de firmeza.

O modo de satisfazer essas seis necessidades, para a conquista de uma vida risonha, lhe é ensinado agora, no presente volume.

Macrobiótica Zen

GEORGES OHSAWA — EDITORA GERMINAL

Este pequeno grande livro em que Georges Ohsawa, cientista e filósofo japonês, condensa as tradições de sabedoria, de equilibrada alimentação, de tolerância, de amor à liberdade, de paz, de alegria e de perene juventude, motores da grandeza espiritual dos povos do Extremo Oriente, constitui uma tríplice mensagem que o milenário

Oriente nos envia com o fim de ajudar-nos a curar os males de que padecemos. Ele ensina-nos, ao mesmo tempo, a comer, a amar e a raciocinar, funções em que se consubstanciam os três polos da vida humana. Está, por essas razões, este livro destinado a ficar na história da literatura, da ciência e da filosofia como uma das mais fecundas contribuições com que o Extremo Oriente, milenarmente sábio, procura ajudar o Ocidente, hipertrofiado de tecnicismo, quanto vazio de filosofia e de espiritualidade, a vencer a perigosa crise que ameaça subvertê-lo.

Nem sempre inovar é sinônimo de progredir. Ao contrário, muitas vezes o progresso se realiza andando para trás. É o que hoje se verifica: depois de tantos anos de alimentos enlatados e cadavéricos, de açúcar branco, de sal refinado, de cereais espoliados dos seus mais importantes componentes minerais, de desinfetantes e fertilizantes químicos na base de venenosíssimos antibióticos; de "vitaminas" produzidas artificialmente pelos laboratórios; de Coca-Cola e de tantíssimos outros refrigerantes fabricados com drogas reconhecidamente nocivas, nota-se uma salutar reação por parte de alguns dos mais autorizados cientistas, que em todo o mundo nos denunciam os malefícios desses alimentos sem vida, impingidos em todo o mundo pelo desalmado capitalismo tecnocrata, com a cumplicidade do Estado e sob o manto do falaz "progresso", proclamando-os como perigosíssimos fatores cancerígenos e recomendando o regresso às fontes puras e tradicionais da alimentação popular, se queremos salvar a humanidade da terrível catástrofe com que a ameaçam as modernas enfermidades degenerativas, à cabeça das quais se encontram o câncer e as doenças cardiovasculares.

Como Viver Mais e Melhor
O que os médicos não dizem sobre sua saúde

LINUS PAULING — EDITORA BEST SELLER

Neste livro, o cientista Linus Pauling, duas vezes laureado com o Prêmio Nobel, discute medidas simples e econômicas que você pode tomar para levar uma vida melhor e viver por mais tempo, com mais prazer e menos doenças. Ao lado da alimentação diária regular (com redução do açúcar) e exercícios moderados (duas ou três vezes por semana), a mais importante recomendação de Pauling é ingerir algumas vitaminas todos os dias para complementar as obtidas dos alimentos. O autor enfatiza o papel da vitamina C na prevenção de enfermidades respiratórias e muitas outras doenças. Além de fundamentar solidamente suas teses, o autor fala das distorções introduzidas na sua bem-sucedida terapia ortomolecular (destinada a cancerosos em estado grave ou doenças degenerativas) e polemiza com a classe médica em geral e empresas de saúde em particular — para ele, de fato, verdadeiras indústrias da doença.

Com medidas simples, a proposta de uma vida feliz e com mais saúde.

Duas vezes premiado com o Nobel, o célebre químico Linus Pauling prova neste livro que você não precisa ser um maníaco por saúde para acrescentar anos felizes à sua vida. Seu econômico e descomplicado método inclui:

- três refeições regulares ao dia;
- exercícios leves, não necessariamente diários;
- seis a dez horas de sono por noite;
- consumo moderado de bebidas alcoólicas;
- suplemento diário de vitaminas.

Além de explicar como as vitaminas agem no organismo, Pauling discute o papel da nutrição bem balanceada no fortalecimento do sistema imunológico. Discorre sobre como evitar enfermidades, do resfriado comum a problemas cardíacos, das alergias ao artritismo. E, mais uma vez abrindo polêmica, sugere como podemos enfrentar o fato de que médicos são ótimos para tratar doenças, mas fracassam na tentativa de preveni-las.

Um livro prático e proveitoso para todos.

100.000 exemplares na primeira edição americana.

Linus Carl Pauling, nascido em 1901 nos Estados Unidos, diplomou-se em engenharia química e ingressou no Instituto de Tecnologia da Califórnia, em Pasadena, onde iniciou uma brilhante carreira de pesquisador. Já publicou vários livros sobre sua especialidade. Considerado o maior químico do século XX, ganhou o Nobel de 1954 por estudos sobre a estrutura molecular da matéria. Combativo pacifista, ganhou também o Nobel da Paz de 1963, quando vivia na

Noruega e seu passaporte norte-americano estava suspenso pelas autoridades, por sua militância em prol do desarmamento.

Fundou o Instituto Linus Pauling de Ciência e Medicina, ao qual se dedica desde 1973.

A Conquista da Felicidade

BERTRAND RUSSELL — COMPANHIA EDITORA NACIONAL

Publicado no Brasil pela Companhia Editora Nacional em 1956, este extraordinário livro do filósofo inglês Bertrand Russel constituiu, na época, um evento cultural de grande impacto. Leitores e críticos o aclamaram como obra indispensável para os que buscam a felicidade.

No curto prefácio, o autor escreve estas significativas palavras:

Este livro não se destina aos eruditos, nem àqueles que encaram um problema prático meramente como algo sobre que se deva falar. Nas páginas seguintes, não se encontrará nenhuma filosofia profunda, nenhuma erudição profunda. Meu objetivo foi apenas reunir algumas observações inspiradas, assim o espero, pelo bom senso. O que apenas reivindico para mim, quanto às receitas oferecidas ao leitor, é o fato de terem elas sido confirmadas pela minha própria experiência e observação, e, ainda, aumentado a minha própria felicidade, sempre que agi de acordo com elas. Assim, ouso esperar que algumas pessoas, dentre a multidão de homens e mulheres que são infelizes, sem que isso lhes cause prazer, possam encontrar aqui a sua situação diagnosticada, bem como sugestões referentes a um método de libertação. Foi convencido de que muitas pessoas infelizes poderiam tornar-se, mediante um esforço bem dirigido, felizes, que escrevi este livro.

Sobre o autor, os editores brasileiros fazem este oportuno perfil biográfico:

Bertrand Russell nasceu a 18 de maio de 1872, sendo o segundo filho do visconde Amberley. Educou-se no Trinity College, em Cambridge, onde demonstrou desde cedo sua extraordinária propensão para as matemáticas e as ciências exatas, certo de que elas constituíam a fonte de todo o progresso humano. Em 1910, em associação com o dr. A. N. Whitehead, publicou o primeiro volume de *Principia Mathematica*, que lhe granjeou a admiração de todos os grandes vultos da ciência universal.

Com o correr dos anos, Bertrand Russell foi-se dedicando mais e mais aos estudos filosóficos e o lançamento de seus livros *Problems of Philosophy* (1911) e *Our Knowledge of The External World* (1914) contribuiu para lhe garantir posição de inegável prestígio.

Da família, que sempre exerceu grande influência na política inglesa (seu avô, lord John Russell, foi duas vezes primeiro-ministro), Bertrand Russell herdou acentuado interesse pelos problemas sociais. Apoiou o movimento sufragista, foi campeão do pacifismo por ocasião da 1ª Grande Guerra, o que lhe valeu cerrada oposição de muitos círculos. Viajou por toda a Europa, depois de 1918 e, em 1920, passou algum tempo na União Soviética, o que lhe bastou para escrever obra interessantíssima, *Practice and Theory of Bolshevism*. Permaneceu, mais tarde, um ano inteiro na China, onde pronunciou uma série de conferências, reunidas em volume sob o título *The Analysis of The Mind* (1921).

Entre as duas guerras mundiais foi extremamente prolífica sua produção literária, sobressaindo-se a famosa obra *The Conquest of Happiness* (1930). Em 1946, passado o cataclisma do nazifascismo, publicou *A History of Western Philosophy*, que é considerada sua obra-prima. Em 1949 recebeu a valiosa condecoração da Ordem do Mérito e, em 1950, o famoso Prêmio Nobel.

Publicou o ano passado seu primeiro trabalho de ficção, um livro de contos — *Satan in The Suburbs* —, o que vem provar quão variegados setores abrange sua extraordinária capacidade.

Sabedoria & Felicidade

JOSÉ DA SILVA MARTINS — EDITORA MARTIN CLARET

Sobre este livro, verdadeiro breviário de meditação, editado pela Martin Claret, 528 páginas, formato 16 x 23 cm, escrito por um jovem de 84 anos (hoje, já entrou no pórtico dos 98), recebeu as mais calorosas palavras por parte da mais alta intelectualidade brasileira. Entre os muitos depoimentos elogiando o livro, transcrevemos, para completa informação do nosso leitor, a página da revista Visão, onde seu proprietário, o empresário, político e filósofo Henry Maksoud faz a seguinte crítica ao livro:

Há livros que, depois de lidos, recolhem-se ao limbo das estantes empoeiradas. Outros há que são lançados com pompa e circunstâncias para serem consumidos rapidamente e... esquecidos. Livro é como gente. Tem alma. E cada uma diferente da outra. Por isso, existem livros que são companhias permanentes e que, feito alimento, encontram abrigo em nossas veias e para sempre ali circulam. Livros que podem ser abertos ao acaso, que não exigem uma leitura linear, pois a cada página oferecem estimulos à reflexão. É nesse caso que se coloca *Sabedoria e Felicidade* de José da Silva Martins, lançado pela Martin Claret Editores.

Obra generosa

Nestes nossos tempos já de si tão cansados, em que o indivíduo perde a simplicidade e mergulha na perplexidade, o livro de José da Silva Martins nos convoca à meditação. Suprema ousadia. Munido de um rico conhecimento da obra de filósofos, teólogos, artistas, homens enfim que pensaram o destino de todos nós, o autor despe-se de qualquer preconceito de caráter religioso, sepulta qualquer sinal de intolerância, recusa qualquer manto de dono da verdade para nos propor uma síntese do pensamento dos muitos autores citados como convite à reflexão.

Na apresentação da primeira edição de *Sabedoria e Felicidade*, em 1982, Menotti Del Picchia observava: "Ao longo dessa caminhada Martins dialogou com os maiores pensadores de todos os países sobre o problema fundamental. Haverá tema mais fascinante?" E concluía Menotti: "Neste referver de crescentes apreensões diante da trágica marcha para soluções apocalípticas que fatalmente desaguariam na guerra, as advertências contidas na voz dos teólogos, filósofos e sociólogos colhidas pelo autor deste livro deveriam ser ouvidas e meditadas para que numa ação conjunta se criasse no mundo uma atmosfera de amor, de fraternidade e de paz".

É ousada e generosa, portanto, a empreitada de José da Silva

Martins, um octogenário que tem boas razões de orgulho na trajetória de seus filhos, todos eles personalidades destacadas na vida cultural e artística brasileira: o advogado e tributarista Ives Gandra da Silva Martins, o pianista João Carlos Martins, José Paulo, editor de livros de arte e colecionador notável, e o pianista e musicista Eduardo, "talvez o mais enciclopédico dos quatro", segundo o autor. O seu livro *Sabedoria e Felicidade* está entre aqueles que se deve ter à mão como recurso nos momentos em que falta a esperança e os problemas parecem intransponíveis. José da Silva Martins nos oferece a ponte. Sólida e amiga.

Na condição de editor (e também leitor) desta extraordinária obra, recomendamos com entusiasmo a sua leitura a todos os que buscam viver uma vida plena de sabedoria e felicidade.

Um livro extremamente útil.

**Este Livro-*clipping*
não tem um ponto final.
A partir desta página
ele continua em você...
como um poderoso
fermento transformador!**